Ursprünglich Schlemmen
Die Paleo-Küche neu entdeckt

Lena Fischer

Inhaltsverzeichnis

Gegrillte Streifensteaks mit geriebenem Wurzelgemüsehasch...12

Asiatische Rindfleisch- und Gemüsepfanne..14

Filets auf Zedernholzbrettern mit asiatischem Slather und Krautsalat......................16

In der Pfanne gebratene Tri-Tip-Steaks mit Blumenkohl-Peperonata.........................19

Flat-Iron-Steaks au Poivre mit Pilz-Dijon-Sauce 21

Steaks..21

Soße 21

Gegrillte Flat-Iron-Steaks mit karamellisierten Chipotle-Zwiebeln und Salsa-Salat24

Steaks..24

Salsa-Salat..24

Karamellisierte Zwiebeln..24

Gegrillte Ribeyes mit Kräuterzwiebeln und Knoblauchbutter 27

Ribeye-Salat mit gegrillten Rüben..29

Kurze Rippchen nach koreanischer Art mit sautiertem Ingwerkohl..........................31

Kurze Rinderrippchen mit Zitrus-Fenchel-Gremolata...34

Rippen 34

Gebratener Kürbis...34

Gremolata..34

Rindfleischpastetchen nach schwedischer Art mit Senf-Dill-Gurkensalat................37

Gurkensalat..37

Rindfleisch-Patties 37

Erstickte Beefburger auf Rucola mit geröstetem Wurzelgemüse 41

Gegrillte Beefburger mit Tomaten in Sesamkruste..44

Burger am Spieß mit Baba Ghanoush-Dip..46

Mit Rauch gefüllte Paprika 48

Bison-Burger mit Cabernet-Zwiebeln und Rucola..51

Bison- und Lammhackbraten auf Mangold und Süßkartoffeln..................................54

Bison-Fleischbällchen mit Apfel-Johannisbeer-Sauce und Zucchini-Pappardelle....57

Fleischklößchen..57

Apfel-Johannisbeer-Sauce..57

Zucchini-Pappardelle..57

Bison-Steinpilz-Bolognese mit geröstetem Knoblauch-Spaghettikürbis 60
Bison Chili con Carne 63
Marokkanisch gewürzte Bisonsteaks mit gegrillten Zitronen 65
Mit Kräutern der Provence geriebener Bison-Lendenbraten 66
In Kaffee geschmorte Bison-Rippchen mit Mandarinen-Gremolata und Selleriewurzelbrei 68
Marinade 68
Schmoren 68
Rinderknochenbrühe 71
Mit Gewürzen eingeriebene tunesische Schweineschulter mit würzigen Süßkartoffel-Pommes 73
Schweinefleisch 73
Fritten 73
Kubanische gegrillte Schweineschulter 76
Italienischer Schweinebraten mit Gewürzen und Gemüse 79
Slow Cooker Schweinefleischmaulwurf 81
Mit Kümmel gewürzter Schweinefleisch-Kürbis-Eintopf 83
Mit Früchten gefüllter Lendenbraten mit Brandysauce 85
Braten 85
Brandy-Sauce 85
Schweinebraten nach Porchetta-Art 88
Mit Tomatillo geschmortes Schweinelende 90
Mit Aprikosen gefülltes Schweinefilet 92
Schweinefilet in Kräuterkruste mit knusprigem Knoblauchöl 94
Indisch gewürztes Schweinefleisch mit Kokosnuss-Pfannsauce 95
Schweine-Scaloppini mit gewürzten Äpfeln und Kastanien 96
Schweinefleisch-Fajita-Pfanne 99
Schweinefilet mit Portwein und Pflaumen 101
Schweinefleisch nach Moo-Shu-Art in Salatbechern mit schnell eingelegtem Gemüse 103
Eingelegtes Gemüse 103
Schweinefleisch 103
Schweinekoteletts mit Macadamias, Salbei, Feigen und Süßkartoffelpüree 105
In der Pfanne geröstete Rosmarin-Lavendel-Schweinekoteletts mit Trauben und gerösteten Walnüssen 107
Schweinekoteletts alla Fiorentina mit gegrilltem Broccoli Rabe 109

Mit Escarole gefüllte Schweinekoteletts	111
Schweinekoteletts mit Dijon-Pekannuss-Kruste	114
Schweinefleisch in Walnusskruste mit Brombeer-Spinat-Salat	115
Schweineschnitzel mit süß-saurem Rotkohl	117

Kohl 117

Schweinefleisch	117
In der Pfanne gebratene Putenbrust mit Schnittlauch-Scampi-Sauce	119
Geschmorte Putenkeulen mit Wurzelgemüse	121
Putenhackbraten mit Kräutern, karamellisiertem Zwiebelketchup und gerösteten Kohlspalten	123
Truthahn-Posole	125
Hühnerknochenbrühe	127
Blaubeer- und gerösteter Rübenkohlsalat	129
Geröstete Karotten-Pastinaken-Suppe mit Garam-Masala-Nuss-„Croutons"	131
Cremige Selleriewurzelsuppe mit Kräuteröl	134
Gerösteter Delicata-Kürbis-Spinat-Salat	137
Knuspriger Brokkolisalat	139
Gegrillter Obstsalat mit Frühlingszwiebelvinaigrette	142
Knuspriger Curry-Blumenkohl	144
Neoklassischer Waldorfsalat	146
Gegrillte Römerherzen mit Basilikum-Green-Goddess-Dressing	148
Rucola-Kräuter-Salat mit pochierten Eiern	150
Heirloom-Tomaten-Wassermelonen-Salat mit rosa Pfefferkörner-Nieselregen	152
Rosenkohl-Apfel-Salat	156
Gehobelter Rosenkohlsalat	157
Mexikanischer Krautsalat	158
Fenchel-Krautsalat	160
Cremiger Karotten-Kohlrabi-Krautsalat	161
Gewürzter Karottensalat	163
Rucola Pesto	166
Basilikumpesto	167
Cilantro Pesto	168
Salat Soße	169
Helle Zitrusvinaigrette	170
Klassische französische Vinaigrette	171

Mango-Limetten-Salatdressing	172
Geröstete Knoblauchvinaigrette	173
Geröstetes Pinienkern-Dressing	174
Gewürze	175
Senf nach Dijon-Art	176
Harissa	177
Paläo-Ketchup	179
Grillsoße	181
Chimichurri Sauce	183
Paleo Mayo	184
Gewürzmischungen	186
Zitronen-Kräuter-Gewürz	187
Mediterranes Gewürz	188
Mexikanisches Gewürz	189
Rauchiges Gewürz	190
Cajun Gewürz	191
Jamaikanisches Jerk-Gewürz	192
Zitrus-Fenchel-Salsa	194
Knusprige Avocado-Salsa	196
Süße Zwiebel-Gurken-Salsa mit Minze und Thai-Chile	198
Gegrillte Ananas-Salsa Verde	199
Rubinrote Rübensalsa	200
Cremes und Butter	201
Cashew Creme	202
Pinienkernbutter	203
Mit Schokolade überzogene Apfelchips	204
Klobiges Apfelmus im Chutney-Stil	207
Geröstete Birnen-Crumble	209
Pochierte Birnen aus grünem Tee und Ingwer mit Orangen-Mango-Püree	212
Kakis mit Zimt-Birnen-Sauce	214
Gegrillte Ananas mit Kokoscreme	216
Mit Kokos-Mango-Mousse gefüllte Törtchen	218
Krusten	218
Füllung	218
Soft-Serve-Himbeer-Bananen-Sorbet	222

GEGRILLTE STREIFENSTEAKS MIT GERIEBENEM WURZELGEMÜSEHASCH

VORBEREITUNG:20 Minuten stehen lassen: 20 Minuten grillen: 10 Minuten stehen lassen: 5 Minuten ergibt: 4 Portionen

STREIFENSTEAKS HABEN EINE SEHR ZARTE TEXTUR,UND DER KLEINE FETTSTREIFEN AUF EINER SEITE DES STEAKS WIRD AUF DEM GRILL KNUSPRIG UND RAUCHIG. MEINE EINSTELLUNG ZU TIERISCHEN FETTEN HAT SICH SEIT MEINEM ERSTEN BUCH GEÄNDERT. WENN SIE DEN GRUNDPRINZIPIEN DER PALEO-DIÄT® TREU BLEIBEN UND GESÄTTIGTE FETTE INNERHALB VON 10 BIS 15 PROZENT IHRER TÄGLICHEN KALORIEN HALTEN, ERHÖHT SICH DADURCH IHR RISIKO FÜR HERZERKRANKUNGEN NICHT – IM GEGENTEIL, DAS GEGENTEIL KÖNNTE DER FALL SEIN. NEUE INFORMATIONEN DEUTEN DARAUF HIN, DASS EIN ANSTIEG DES LDL-CHOLESTERINS TATSÄCHLICH SYSTEMISCHE ENTZÜNDUNGEN REDUZIEREN KANN, DIE EINEN RISIKOFAKTOR FÜR HERZERKRANKUNGEN DARSTELLEN.

- 3 Esslöffel natives Olivenöl extra
- 2 Esslöffel geriebener frischer Meerrettich
- 1 Teelöffel fein geriebene Orangenschale
- ½ Teelöffel gemahlener Kreuzkümmel
- ½ Teelöffel schwarzer Pfeffer
- 4 Streifensteaks (auch Oberloin genannt), etwa 2,5 cm dick geschnitten
- 2 mittelgroße Pastinaken, geschält
- 1 große Süßkartoffel, geschält
- 1 mittelgroße Rübe, geschält
- 1 oder 2 Schalotten, fein gehackt
- 2 Knoblauchzehen, gehackt
- 1 Esslöffel gehackter frischer Thymian

1. In einer kleinen Schüssel 1 Esslöffel Öl, Meerrettich, Orangenschale, Kreuzkümmel und ¼ Teelöffel Pfeffer verrühren. Verteilen Sie die Mischung auf den Steaks. Abdecken und 15 Minuten bei Zimmertemperatur stehen lassen.

2. In der Zwischenzeit für das Haschisch die Pastinaken, Süßkartoffeln und Rüben mit einer Küchenreibe oder einer Küchenmaschine mit Raspelmesser zerkleinern. Geraspeltes Gemüse in eine große Schüssel geben; Schalotte(n) hinzufügen. In einer kleinen Schüssel die restlichen 2 Esslöffel Öl, den restlichen ¼ Teelöffel Pfeffer, Knoblauch und Thymian vermischen. Über das Gemüse träufeln; umrühren und gründlich vermischen. Falten Sie ein 36 x 18 Zoll großes Stück schwere Folie in zwei Hälften, um eine doppelt dicke Folie mit den Maßen 18 x 18 Zoll zu erhalten. Geben Sie die Gemüsemischung in die Mitte der Folie. Bringen Sie die gegenüberliegenden Folienkanten hoch und verschließen Sie sie mit einer Doppelfalte. Falten Sie die restlichen Ränder so, dass das Gemüse vollständig umschlossen ist und Platz für die Dampfbildung bleibt.

3. Bei einem Holzkohle- oder Gasgrill legen Sie die Steaks und das Folienpaket direkt bei mittlerer Hitze auf den Grillrost. Decken Sie die Steaks ab und grillen Sie sie 10 bis 12 Minuten lang bei mittlerer Rarität (145 °F) oder 12 bis 15 Minuten lang bei mittlerer Rarität (160 °F) und wenden Sie sie nach der Hälfte der Grillzeit einmal um. Das Päckchen 10 bis 15 Minuten lang grillen oder bis das Gemüse weich ist. Lassen Sie die Steaks 5 Minuten lang stehen, während das Gemüse fertig gart. Gemüsehasch auf vier Servierteller verteilen; Mit Steaks belegen.

ASIATISCHE RINDFLEISCH- UND GEMÜSEPFANNE

VORBEREITUNG: 30 Minuten kochen: 15 Minuten ergeben: 4 Portionen

FÜNF-GEWÜRZE-PULVER IST EINE SALZFREIE GEWÜRZMISCHUNGWIRD HÄUFIG IN DER CHINESISCHEN KÜCHE VERWENDET. ES BESTEHT ZU GLEICHEN TEILEN AUS GEMAHLENEM ZIMT, NELKEN, FENCHELSAMEN, STERNANIS UND SZECHUAN-PFEFFERKÖRNERN.

- 1½ Pfund Rinderfiletsteak ohne Knochen oder rundes Rindersteak ohne Knochen, 1 Zoll dick geschnitten
- 1½ Teelöffel Fünf-Gewürze-Pulver
- 3 Esslöffel raffiniertes Kokosöl
- 1 kleine rote Zwiebel, in dünne Spalten geschnitten
- 1 kleiner Bund Spargel (ca. 12 Unzen), geputzt und in 7,6 cm große Stücke geschnitten
- 1½ Tassen in Julienne geschnittene orange und/oder gelbe Karotten
- 4 Knoblauchzehen, gehackt
- 1 Teelöffel fein geriebene Orangenschale
- ¼ Tasse frischer Orangensaft
- ¼ Tasse Rinderknochenbrühe (siehe Rezept) oder Rinderbrühe ohne Salzzusatz
- ¼ Tasse Weißweinessig
- ¼ bis ½ Teelöffel zerstoßener roter Pfeffer
- 8 Tassen grob zerkleinerter Chinakohl
- ½ Tasse ungesalzene Mandelblättchen oder ungesalzene, grob gehackte Cashewnüsse, geröstet (siehe Tipp, Seite 57)

1. Bei Bedarf das Rindfleisch teilweise einfrieren, damit es sich leichter schneiden lässt (ca. 20 Minuten). Rindfleisch in sehr dünne Scheiben schneiden. In einer großen Schüssel Rindfleisch und Fünf-Gewürze-Pulver vermischen. In einem großen Wok oder einer extragroßen Pfanne 1 Esslöffel Kokosöl bei mittlerer bis hoher Hitze erhitzen. Fügen Sie die Hälfte des Rindfleischs hinzu;

kochen und 3 bis 5 Minuten rühren, bis es braun ist. Rindfleisch in eine Schüssel geben. Wiederholen Sie den Vorgang mit dem restlichen Rindfleisch und einem weiteren Esslöffel Öl. Geben Sie das Rindfleisch zusammen mit dem anderen gekochten Rindfleisch in die Schüssel.

2. In denselben Wok den restlichen 1 Esslöffel Öl geben. Zwiebel hinzufügen; kochen und 3 Minuten rühren. Spargel und Karotten hinzufügen; kochen und 2 bis 3 Minuten rühren, bis das Gemüse knusprig und zart ist. Knoblauch hinzufügen; kochen und noch 1 Minute rühren.

3. Für die Soße Orangenschale, Orangensaft, Rinderknochenbrühe, Essig und zerstoßenen roten Pfeffer in einer kleinen Schüssel vermischen. Fügen Sie die Soße und das gesamte Rindfleisch mit Saft in der Schüssel zum Gemüse im Wok hinzu. Kochen und rühren Sie 1 bis 2 Minuten lang oder bis es durchgeheizt ist. Geben Sie das Rindfleischgemüse mit einem Schaumlöffel in eine große Schüssel. Zum Warmhalten abdecken.

4. Die Sauce ohne Deckel bei mittlerer Hitze 2 Minuten kochen lassen. Kohl hinzufügen; 1 bis 2 Minuten kochen und umrühren, bis der Kohl gerade welk ist. Kohl und etwaige Kochsäfte auf vier Servierteller verteilen. Gleichmäßig mit der Rindfleischmischung belegen. Mit Nüssen bestreuen.

FILETS AUF ZEDERNHOLZBRETTERN MIT ASIATISCHEM SLATHER UND KRAUTSALAT

EINWEICHEN:1 Stunde Vorbereitung: 40 Minuten Grill: 13 Minuten Ruhezeit: 10 Minuten ergibt: 4 Portionen.

CHINAKOHL WIRD MANCHMAL CHINAKOHL GENANNT.ES HAT WUNDERSCHÖNE, CREMEFARBENE, GEKRÄUSELTE BLÄTTER MIT LEUCHTEND GELBGRÜNEN SPITZEN. ES HAT EINEN ZARTEN, MILDEN GESCHMACK UND EINE MILDE TEXTUR – GANZ ANDERS ALS DIE WACHSARTIGEN BLÄTTER VON RUNDKOHL – UND IST, WAS NICHT ÜBERRASCHEND IST, EIN NATÜRLICHER BESTANDTEIL ASIATISCHER GERICHTE.

1 großes Zedernbrett
¼ Unze getrocknete Shiitake-Pilze
¼ Tasse Walnussöl
2 Teelöffel gehackter frischer Ingwer
2 Teelöffel zerstoßener roter Pfeffer
1 Teelöffel zerstoßene Szechuan-Pfefferkörner
¼ Teelöffel Fünf-Gewürze-Pulver
4 Knoblauchzehen, gehackt
4 4 bis 5 Unzen schwere Rinderfiletsteaks, ¾ bis 1 Zoll dick geschnitten
Asiatischer Krautsalat (sieheRezept, unten)

1. Grillbrett ins Wasser legen; beschweren und mindestens 1 Stunde einweichen.

2. In der Zwischenzeit für die asiatische Zubereitung in einer kleinen Schüssel kochendes Wasser über die getrockneten Shiitake-Pilze gießen; 20 Minuten stehen lassen, um es zu rehydrieren. Pilze abtropfen lassen und in eine Küchenmaschine geben. Walnussöl, Ingwer, zerkleinerten roten Pfeffer, Szechuan-Pfefferkörner, Fünf-

Gewürze-Pulver und Knoblauch hinzufügen. Abdecken und verarbeiten, bis die Pilze zerkleinert sind und die Zutaten vermischt sind; beiseite legen.

3. Grillbrett abtropfen lassen. Ordnen Sie bei einem Holzkohlegrill mittelheiße Kohlen rund um den Grill an. Legen Sie das Brett direkt über die Kohlen auf den Grillrost. Abdecken und 3 bis 5 Minuten grillen oder bis das Brett zu knistern und zu rauchen beginnt. Legen Sie die Steaks direkt über die Kohlen auf den Grillrost. 3 bis 4 Minuten grillen oder bis es angebraten ist. Legen Sie die Steaks mit der angebratenen Seite nach oben auf das Brett. Legen Sie das Brett in die Mitte des Grills. Teilen Sie Asian Slather auf die Steaks auf. Abdecken und 10 bis 12 Minuten grillen oder bis ein sofort ablesbares Thermometer, das horizontal in die Steaks eingeführt wird, 130 °F anzeigt. (Für einen Gasgrill heizen Sie den Grill vor. Reduzieren Sie die Hitze auf mittlere Stufe. Legen Sie das abgetropfte Brett auf den Grillrost, decken Sie es ab und grillen Sie es 3 bis 5 Minuten lang oder bis das Brett zu knistern und zu rauchen beginnt. Legen Sie die Steaks 3 bis 4 Minuten lang oder bis auf den Grillrost angebraten. Die Steaks mit der angebratenen Seite nach oben auf das Brett legen. Den Grill auf indirektes Garen einstellen; das Brett mit den Steaks über den ausgeschalteten Brenner legen. Den Schaum auf die Steaks verteilen. Abdecken und 10 bis 12 Minuten grillen oder bis ein sofort ablesbares Thermometer angezeigt wird horizontal in die Steaks eingesetzt zeigt 130°F an.)

4. Steaks vom Grill nehmen. Decken Sie die Steaks locker mit Folie ab. 10 Minuten stehen lassen. Steaks in ¼ Zoll dicke Scheiben schneiden. Steak über asiatischem Krautsalat servieren.

Asiatischer Krautsalat: In einer großen Schüssel 1 mittelgroßen Chinakohl in dünne Scheiben schneiden; 1 Tasse fein geriebener Rotkohl; 2 Karotten, geschält und in Julienne-Streifen geschnitten; 1 rote oder gelbe Paprika, entkernt und in sehr dünne Scheiben geschnitten; 4 Frühlingszwiebeln, in dünne Scheiben geschnitten; 1 bis 2 Serrano-Chilis, entkernt und gehackt (siehe Tipp); 2 Esslöffel gehackter Koriander; und 2 Esslöffel gehackte Minze. Für das Dressing in einer Küchenmaschine oder einem Mixer 3 Esslöffel frischen Limettensaft, 1 Esslöffel geriebenen frischen Ingwer, 1 gehackte Knoblauchzehe und ⅛ Teelöffel Fünf-Gewürze-Pulver vermischen. Abdecken und glatt rühren. Bei laufendem Prozessor nach und nach ½ Tasse Walnussöl hinzufügen und glatt rühren. 1 in dünne Scheiben geschnittene Frühlingszwiebel zum Dressing geben. Über den Krautsalat träufeln und vermischen.

IN DER PFANNE GEBRATENE TRI-TIP-STEAKS MIT BLUMENKOHL-PEPERONATA

VORBEREITUNG: 25 Minuten kochen: 25 Minuten ergeben: 2 Portionen

PEPERONATA IST TRADITIONELL EIN LANGSAM GERÖSTETES RAGOUTAUS PAPRIKA MIT ZWIEBELN, KNOBLAUCH UND KRÄUTERN. DIESE SCHNELL SAUTIERTE VERSION – MIT BLUMENKOHL HERZHAFTER GEMACHT – DIENT SOWOHL ALS RELISH ALS AUCH ALS BEILAGE.

- 2 4 bis 6 Unzen schwere Tri-Tip-Steaks, ¾ bis 1 Zoll dick geschnitten
- ¾ Teelöffel schwarzer Pfeffer
- 2 Esslöffel natives Olivenöl extra
- 2 rote und/oder gelbe Paprika, entkernt und in Scheiben geschnitten
- 1 Schalotte, in dünne Scheiben geschnitten
- 1 Teelöffel mediterranes Gewürz (siehe Rezept)
- 2 Tassen kleine Blumenkohlröschen
- 2 Esslöffel Balsamico-Essig
- 2 Teelöffel gehackter frischer Thymian

1. Steaks mit Papiertüchern trocken tupfen. Steaks mit ¼ Teelöffel schwarzem Pfeffer bestreuen. In einer großen Pfanne 1 Esslöffel Öl bei mittlerer bis hoher Hitze erhitzen. Steaks in die Pfanne geben; Hitze auf mittlere Stufe reduzieren. Steaks 6 bis 9 Minuten bei mittlerer Rarität (145 °F) garen, dabei gelegentlich wenden. (Wenn das Fleisch zu schnell braun wird, reduzieren Sie die Hitze.) Nehmen Sie die Steaks aus der Pfanne; Zum Warmhalten locker mit Folie abdecken.

2. Für die Peperonata den restlichen 1 Esslöffel Öl in die Pfanne geben. Paprika und Schalotte dazugeben. Mit mediterranem Gewürz bestreuen. Bei mittlerer Hitze etwa 5 Minuten kochen oder bis die Paprika weich sind, dabei gelegentlich umrühren. Blumenkohl,

Balsamico-Essig, Thymian und den restlichen ½ Teelöffel schwarzen Pfeffer hinzufügen. Abdecken und 10 bis 15 Minuten kochen lassen oder bis der Blumenkohl weich ist, dabei gelegentlich umrühren. Steaks wieder in die Pfanne geben. Die Peperonata-Mischung über die Steaks geben. Sofort servieren.

FLAT-IRON-STEAKS AU POIVRE MIT PILZ-DIJON-SAUCE

VORBEREITUNG: 15 Minuten kochen: 20 Minuten ergeben: 4 Portionen

DIESES FRANZÖSISCH INSPIRIERTE STEAK MIT PILZSAUCEKANN IN ETWAS MEHR ALS 30 MINUTEN AUF DEM TISCH STEHEN – WAS ES ZU EINER GROßARTIGEN WAHL FÜR EINE SCHNELLE MAHLZEIT UNTER DER WOCHE MACHT.

STEAKS
   3 Esslöffel natives Olivenöl extra
   1 Pfund kleine Spargelstangen, geputzt
   4 6-Unzen-Flacheisensteaks (Rinderschulterblatt ohne Knochen)*
   2 Esslöffel gehackter frischer Rosmarin
   1½ Teelöffel gemahlener schwarzer Pfeffer

SOßE
   8 Unzen geschnittene frische Pilze
   2 Knoblauchzehen, gehackt
   ½ Tasse Rinderknochenbrühe (siehe Rezept)
   ¼ Tasse trockener Weißwein
   1 Esslöffel Dijon-Senf (siehe Rezept)

1. In einer großen Pfanne 1 Esslöffel Öl bei mittlerer bis hoher Hitze erhitzen. Spargel hinzufügen; 8 bis 10 Minuten kochen lassen oder bis sie knusprig und zart sind, dabei die Spieße gelegentlich wenden, damit sie nicht verbrennen. Spargel auf einen Teller geben; Zum Warmhalten mit Folie abdecken.

2. Steaks mit Rosmarin und Pfeffer bestreuen; mit den Fingern verreiben. In derselben Pfanne die restlichen 2 Esslöffel Öl bei mittlerer bis hoher Hitze erhitzen. Steaks hinzufügen; Hitze auf mittlere Stufe reduzieren. 8 bis 12 Minuten bei mittlerer Rarität (145 °F) garen, dabei das Fleisch gelegentlich wenden. (Wenn das

Fleisch zu schnell braun wird, reduzieren Sie die Hitze.) Nehmen Sie das Fleisch aus der Pfanne und bewahren Sie die Bratentropfen auf. Decken Sie die Steaks locker mit Folie ab, um sie warm zu halten.

3. Für die Soße Pilze und Knoblauch zu den Bratenfetten in der Pfanne hinzufügen; kochen, bis es weich ist, dabei gelegentlich umrühren. Brühe, Wein und Dijon-Senf hinzufügen. Bei mittlerer Hitze kochen, dabei die gebräunten Stücke vom Boden der Pfanne abkratzen. Zum Kochen bringen; noch 1 Minute kochen lassen.

4. Den Spargel auf vier Teller verteilen. Mit Steaks belegen; Sauce über die Steaks löffeln.

*Hinweis: Wenn Sie keine 6-Unzen-Flacheisensteaks finden, kaufen Sie zwei 8- bis 12-Unzen-Steaks und schneiden Sie sie in zwei Hälften, um vier Steaks zu erhalten.

GEGRILLTE FLAT-IRON-STEAKS MIT KARAMELLISIERTEN CHIPOTLE-ZWIEBELN UND SALSA-SALAT

VORBEREITUNG:30 Minuten marinieren: 2 Stunden backen: 20 Minuten abkühlen: 20 Minuten grillen: 45 Minuten ergibt: 4 Portionen

FLAT-IRON-STEAK IST EIN RELATIV NEUES GERICHTDER SCHNITT WURDE ERST VOR WENIGEN JAHREN ENTWICKELT. AUS DEM AROMATISCHEN FUTTERBEREICH IN DER NÄHE DES SCHULTERBLATTS GESCHNITTEN, IST ES ÜBERRASCHEND ZART UND SCHMECKT VIEL TEURER ALS ES IST – WAS WAHRSCHEINLICH FÜR SEINE RASCH STEIGENDE BELIEBTHEIT VERANTWORTLICH IST.

STEAKS
- ⅓ Tasse frischer Limettensaft
- ¼ Tasse natives Olivenöl extra
- ¼ Tasse grob gehackter Koriander
- 5 Knoblauchzehen, gehackt
- 4 6-Unzen-Flacheisensteaks (Rinderschulterblatt ohne Knochen).

SALSA-SALAT
- 1 kernlose (englische) Gurke (auf Wunsch geschält), gewürfelt
- 1 Tasse geviertelte Traubentomaten
- ½ Tasse gewürfelte rote Zwiebel
- ½ Tasse grob gehackter Koriander
- 1 Poblano-Chili, entkernt und gewürfelt (sieheTipp)
- 1 Jalapeño, entkernt und gehackt (sieheTipp)
- 3 Esslöffel frischer Limettensaft
- 2 Esslöffel natives Olivenöl extra

KARAMELLISIERTE ZWIEBELN
- 2 Esslöffel natives Olivenöl extra
- 2 große süße Zwiebeln (z. B. Maui, Vidalia, Texas Sweet oder Walla Walla)

½ Teelöffel gemahlener Chipotle-Chilischoten

1. Legen Sie Steaks in einen wiederverschließbaren Plastikbeutel, der in eine flache Schüssel gestellt wird. beiseite legen. In einer kleinen Schüssel Limettensaft, Öl, Koriander und Knoblauch vermischen. Über die Steaks im Beutel gießen. Beutel verschließen; Zum Beschichten wenden. 2 Stunden im Kühlschrank marinieren.

2. Für den Salat in einer großen Schüssel Gurke, Tomaten, Zwiebeln, Koriander, Poblano und Jalapeño vermischen. Zum Kombinieren vermengen. Für das Dressing in einer kleinen Schüssel Limettensaft und Olivenöl verrühren. Dressing über das Gemüse träufeln; Zum Überziehen werfen. Abdecken und bis zum Servieren im Kühlschrank aufbewahren.

3. Für Zwiebeln den Ofen auf 200 °C vorheizen. Bestreichen Sie die Innenseite eines Schmortopfs mit etwas Olivenöl. beiseite legen. Schneiden Sie die Zwiebeln der Länge nach in zwei Hälften, entfernen Sie die Schale und schneiden Sie sie dann quer in ¼ Zoll dicke Scheiben. Im Schmortopf das restliche Olivenöl, die Zwiebeln und die Chipotle-Chilischote vermengen. Abdecken und 20 Minuten backen. Aufdecken und etwa 20 Minuten abkühlen lassen.

4. Die abgekühlten Zwiebeln in einen Grillbeutel aus Folie geben oder die Zwiebeln in doppelt so dicke Folie einwickeln. Die Oberseite der Folie an mehreren Stellen mit einem Spieß durchstechen.

5. Ordnen Sie bei einem Holzkohlegrill mittelheiße Kohlen rund um den Grill an. Testen Sie, ob die Hitze über der Mitte des Grills mittelmäßig ist. Legen Sie das Päckchen in die Mitte des Grillrosts. Abdecken und etwa 45 Minuten grillen, bis die Zwiebeln weich und bernsteinfarben sind. (Für einen Gasgrill heizen Sie den Grill vor. Reduzieren Sie die Hitze auf mittlere Stufe. Stellen Sie ihn auf

indirektes Grillen ein. Legen Sie das Päckchen über den ausgeschalteten Brenner. Abdecken und grillen Sie wie angegeben.)

6. Steaks aus der Marinade nehmen; Marinade wegwerfen. Bei einem Holzkohle- oder Gasgrill legen Sie die Steaks direkt bei mittlerer bis hoher Hitze auf den Grillrost. Abdecken und 8 bis 10 Minuten grillen oder bis ein sofort ablesbares Thermometer, das horizontal in die Steaks eingesetzt wird, 135 °F anzeigt, dabei einmal umdrehen. Die Steaks auf eine Platte legen, locker mit Folie abdecken und 10 Minuten ruhen lassen.

7. Zum Servieren den Salsasalat auf vier Servierteller verteilen. Auf jeden Teller ein Steak legen und mit einem Haufen karamellisierter Zwiebeln belegen. Sofort servieren.

Zubereitungsempfehlung: Salsa-Salat kann bis zu 4 Stunden vor dem Servieren zubereitet und gekühlt werden.

GEGRILLTE RIBEYES MIT KRÄUTERZWIEBELN UND KNOBLAUCHBUTTER

VORBEREITUNG:10 Minuten kochen: 12 Minuten abkühlen: 30 Minuten grillen: 11 Minuten ergibt: 4 Portionen

DIE HITZE VON STEAKS, DIE GERADE VOM GRILL KOMMEN, SCHMILZTDIE BERGE KARAMELLISIERTER ZWIEBELN, KNOBLAUCH UND KRÄUTER, SUSPENDIERT IN EINER WOHLSCHMECKENDEN MISCHUNG AUS KOKOSÖL UND OLIVENÖL.

2 Esslöffel unraffiniertes Kokosöl
1 kleine Zwiebel, halbiert und in sehr dünne Streifen geschnitten (ca. ¾ Tasse)
1 Knoblauchzehe, sehr dünn geschnitten
2 Esslöffel natives Olivenöl extra
1 Esslöffel gehackte frische Petersilie
2 Teelöffel gehackter frischer Thymian, Rosmarin und/oder Oregano
4 8 bis 10 Unzen schwere Rinder-Ribeye-Steaks, 1 Zoll dick geschnitten
½ Teelöffel frisch gemahlener schwarzer Pfeffer

1. In einer mittelgroßen Pfanne Kokosöl bei schwacher Hitze schmelzen. Zwiebel hinzufügen; 10 bis 15 Minuten kochen lassen oder bis es leicht gebräunt ist, dabei gelegentlich umrühren. Knoblauch hinzufügen; Weitere 2 bis 3 Minuten kochen lassen oder bis die Zwiebel goldbraun ist, dabei gelegentlich umrühren.

2. Zwiebelmischung in eine kleine Schüssel geben. Olivenöl, Petersilie und Thymian einrühren. Unbedeckt 30 Minuten lang in den Kühlschrank stellen oder bis die Mischung fest genug ist, um beim Schöpfen einen Hügel zu bilden, dabei gelegentlich umrühren.

3. In der Zwischenzeit die Steaks mit Pfeffer bestreuen. Bei einem Holzkohle- oder Gasgrill legen Sie die Steaks bei mittlerer Hitze direkt auf den Grillrost. Abdecken und für 11 bis 15 Minuten bei

mittlerer Rarität (145 °F) oder 14 bis 18 Minuten bei mittlerer Röstung (160 °F) grillen, dabei nach der Hälfte der Grillzeit einmal wenden.

4. Zum Servieren jedes Steak auf einen Servierteller legen. Die Zwiebelmischung sofort gleichmäßig auf die Steaks verteilen.

RIBEYE-SALAT MIT GEGRILLTEN RÜBEN

VORBEREITUNG:20 Minuten Grillzeit: 55 Minuten Ruhezeit: 5 Minuten ergibt: 4 Portionen

DER ERDIGE GESCHMACK VON RÜBEN PASST WUNDERBAR DAZUMIT DER SÜßE DER ORANGEN – UND DIE GERÖSTETEN PEKANNÜSSE VERLEIHEN DIESEM HAUPTGERICHTSSALAT, DER SICH PERFEKT ZUM ESSEN IM FREIEN AN EINEM WARMEN SOMMERABEND EIGNET, ETWAS KNUSPRIGKEIT.

- 1 Pfund mittelgoldene und/oder rote Rüben, geschrubbt, geputzt und in Spalten geschnitten
- 1 kleine Zwiebel, in dünne Spalten geschnitten
- 2 Zweige frischer Thymian
- 1 Esslöffel natives Olivenöl extra
- Gebrochener schwarzer Pfeffer
- 2 8-Unzen-Rindersteaks ohne Knochen, ¾ Zoll dick geschnitten
- 2 Knoblauchzehen, halbiert
- 2 Esslöffel mediterranes Gewürz (siehe Rezept)
- 6 Tassen gemischtes Grün
- 2 Orangen, geschält, in Scheiben geschnitten und grob gehackt
- ½ Tasse gehackte Pekannüsse, geröstet (siehe Tipp)
- ½ Tasse helle Zitrusvinaigrette (siehe Rezept)

1. Rüben, Zwiebeln und Thymianzweige in eine Alufolie geben. Mit Öl beträufeln und vermengen. Leicht mit gemahlenem schwarzem Pfeffer bestreuen. Stellen Sie bei einem Holzkohle- oder Gasgrill die Pfanne in die Mitte des Grillrosts. Abdecken und 55 bis 60 Minuten grillen oder bis es weich ist, wenn man es mit einem Messer ansticht, dabei gelegentlich umrühren.

2. In der Zwischenzeit beide Seiten der Steaks mit den geschnittenen Knoblauchzehen einreiben; Mit mediterranem Gewürz bestreuen.

3. Bewegen Sie die Rüben aus der Mitte des Grills, um Platz für Steaks zu schaffen. Die Steaks direkt bei mittlerer Hitze grillen. Abdecken und für 11 bis 15 Minuten bei mittlerer Rarität (145 °F) oder 14 bis 18 Minuten bei mittlerer Röstung (160 °F) grillen, dabei nach der Hälfte der Grillzeit einmal wenden. Nehmen Sie die Alufolie und die Steaks vom Grill. Lassen Sie die Steaks 5 Minuten lang stehen. Thymianzweige aus der Alufolie nehmen.

4. Steak diagonal in dünne, mundgerechte Stücke schneiden. Das Gemüse auf vier Servierteller verteilen. Mit geschnittenem Steak, Rüben, Zwiebelschnitzen, gehackten Orangen und Pekannüssen belegen. Mit Bright Citrus Vinaigrette beträufeln.

KURZE RIPPCHEN NACH KOREANISCHER ART MIT SAUTIERTEM INGWERKOHL

VORBEREITUNG: 50 Minuten kochen: 25 Minuten backen: 10 Stunden kühlen: über Nacht ergibt: 4 Portionen

STELLEN SIE SICHER, DASS DER DECKEL IHRES DUTCH OVEN GESCHLOSSEN ISTSITZT SEHR FEST, SO DASS WÄHREND DER SEHR LANGEN SCHMORZEIT DIE KOCHFLÜSSIGKEIT NICHT DURCH EINEN SPALT ZWISCHEN DECKEL UND TOPF VERDUNSTET.

- 1 Unze getrocknete Shiitake-Pilze
- 1½ Tassen geschnittene Frühlingszwiebeln
- 1 asiatische Birne, geschält, entkernt und gehackt
- 1 3-Zoll-Stück frischer Ingwer, geschält und gehackt
- 1 Serrano-Chilischote, fein gehackt (nach Wunsch entkernt) (siehe Tipp)
- 5 Knoblauchzehen
- 1 Esslöffel raffiniertes Kokosöl
- 5 Pfund kurze Rinderrippchen mit Knochen
- Frisch gemahlener schwarzer Pfeffer
- 4 Tassen Rinderknochenbrühe (siehe Rezept) oder Rinderbrühe ohne Salzzusatz
- 2 Tassen geschnittene frische Shiitake-Pilze
- 1 Esslöffel fein geriebene Orangenschale
- ⅓ Tasse frischer Saft
- Sautierter Ingwerkohl (siehe Rezept, unten)
- Fein zerkleinerte Orangenschale (optional)

1. Den Ofen auf 325 °F vorheizen. Getrocknete Shiitake-Pilze in eine kleine Schüssel geben; Fügen Sie so viel kochendes Wasser hinzu, dass es bedeckt ist. Etwa 30 Minuten stehen lassen oder bis es rehydriert und weich ist. Abgießen und die Einweichflüssigkeit auffangen. Die Pilze fein hacken. Pilze in eine kleine Schüssel

geben; abdecken und im Kühlschrank aufbewahren, bis es in Schritt 4 benötigt wird. Pilze und Flüssigkeit beiseite stellen.

2. Für die Soße Frühlingszwiebeln, asiatische Birne, Ingwer, Serrano, Knoblauch und die zurückbehaltene Pilz-Einweichflüssigkeit in einer Küchenmaschine vermengen. Abdecken und glatt rühren. Soße beiseite stellen.

3. Erhitzen Sie das Kokosöl in einem 6-Liter-Schmortopf bei mittlerer bis hoher Hitze. Kurze Rippchen mit frisch gemahlenem schwarzem Pfeffer bestreuen. Die Rippchen portionsweise in heißem Kokosöl etwa 10 Minuten garen oder bis sie von allen Seiten gut gebräunt sind, dabei nach der Hälfte der Garzeit wenden. Geben Sie alle Rippchen zurück in den Topf. Soße und Rinderknochenbrühe hinzufügen. Decken Sie den Dutch Oven mit einem dicht schließenden Deckel ab. Etwa 10 Stunden backen oder bis das Fleisch sehr zart ist und sich von den Knochen löst.

4. Die Rippchen vorsichtig aus der Soße nehmen. Rippchen und Soße in separate Behälter geben. Abdecken und über Nacht kühl stellen. Wenn die Soße kalt ist, das Fett von der Oberfläche entfernen und wegwerfen. Bringen Sie die Soße bei starker Hitze zum Kochen; Fügen Sie die eingeweichten Pilze aus Schritt 1 und die frischen Pilze hinzu. 10 Minuten lang sanft kochen, um die Sauce zu reduzieren und den Geschmack zu intensivieren. Geben Sie die Rippchen wieder in die Soße. köcheln lassen, bis es durchgeheizt ist. 1 EL Orangenschale und den Orangensaft unterrühren. Mit sautiertem Ingwerkohl servieren. Nach Belieben mit zusätzlicher Orangenschale bestreuen.

Sautierter Ingwerkohl: In einer großen Pfanne 1 Esslöffel raffiniertes Kokosöl bei mittlerer bis hoher Hitze erhitzen. Fügen Sie 2 Esslöffel gehackten frischen Ingwer hinzu; 2 Knoblauchzehen, gehackt; und zerstoßener roter Pfeffer nach Geschmack. Etwa 30 Sekunden lang kochen und umrühren, bis es duftet. Fügen Sie 6 Tassen zerkleinerten Chinakohl, Wirsing oder Grünkohl und 1 asiatische Birne hinzu, geschält, entkernt und in dünne Scheiben geschnitten. 3 Minuten kochen und rühren, bis der Kohl leicht zusammenfällt und die Birne weich wird. ½ Tasse ungesüßten Apfelsaft einrühren. Abdecken und etwa 2 Minuten kochen, bis der Kohl weich ist. ½ Tasse geschnittene Frühlingszwiebeln und 1 Esslöffel Sesam unterrühren.

KURZE RINDERRIPPCHEN MIT ZITRUS-FENCHEL-GREMOLATA

VORBEREITUNG:40 Minuten Grillen: 8 Minuten Schongaren: 9 Stunden (niedrig) oder 4½ Stunden (hoch) ergibt: 4 Portionen

GREMOLATA IST EINE GESCHMACKVOLLE MISCHUNG AUS PETERSILIE, KNOBLAUCH UND ZITRONENSCHALE, DIE AUF OSSO BUCCO – DAS KLASSISCHE ITALIENISCHE GERICHT AUS GESCHMORTEN KALBSHAXEN – GESTREUT WIRD, UM SEINEN REICHEN, CREMIGEN GESCHMACK ZU UNTERSTREICHEN. MIT DER ZUGABE VON ORANGENSCHALE UND FRISCHEN, GEFIEDERTEN FENCHELWEDELN ERGIBT SICH DASSELBE FÜR DIESE ZARTEN KURZEN RINDERRIPPEN.

RIPPEN
- 2½ bis 3 Pfund kurze Rinderrippchen mit Knochen
- 3 Esslöffel Zitronen-Kräuter-Gewürz (siehe Rezept)
- 1 mittelgroße Fenchelknolle
- 1 große Zwiebel, in große Spalten geschnitten
- 2 Tassen Rinderknochenbrühe (siehe Rezept) oder Rinderbrühe ohne Salzzusatz
- 2 Knoblauchzehen, halbiert

GEBRATENER KÜRBIS
- 3 Esslöffel natives Olivenöl extra
- 1 Pfund Butternusskürbis, geschält, entkernt und in ½-Zoll-Stücke geschnitten (ca. 2 Tassen)
- 4 Teelöffel gehackter frischer Thymian
- Natives Olivenöl extra

GREMOLATA
- ¼ Tasse geschnittene frische Petersilie
- 2 Esslöffel gehackter Knoblauch
- 1½ Teelöffel fein geriebene Zitronenschale
- 1½ Teelöffel fein geriebene Orangenschale

1. Kurze Rippchen mit Zitronen-Kräuter-Gewürz bestreuen; Mit den Fingern leicht in das Fleisch einreiben; beiseite legen. Die Wedel vom Fenchel entfernen; Für Citrus-Fenchel-Gremolata beiseite legen. Fenchelknolle putzen und vierteln.

2. Bei einem Holzkohlegrill legen Sie mittelheiße Kohlen auf eine Seite des Grills. Testen Sie die mittlere Hitze über der Seite des Grills ohne Kohlen. Legen Sie die kurzen Rippchen auf die Seite ohne Kohlen auf den Grillrost. Legen Sie Fenchelviertel und Zwiebelspalten auf den Rost direkt über Kohlen. Abdecken und 8 bis 10 Minuten grillen oder bis das Gemüse und die Rippchen gerade gebräunt sind, dabei nach der Hälfte der Grillzeit einmal wenden. (Für einen Gasgrill heizen Sie den Grill vor und reduzieren die Hitze auf mittlere Stufe. Stellen Sie ihn auf indirektes Garen ein. Legen Sie die Rippchen auf den Grillrost über dem ausgeschalteten Brenner; legen Sie Fenchel und Zwiebeln auf den Rost über dem eingeschalteten Brenner. Abdecken und wie angegeben grillen.) Sobald es kühl genug zum Anfassen ist, den Fenchel und die Zwiebel grob hacken.

3. In einem 5- bis 6-Liter-Slow-Cooker gehackten Fenchel und Zwiebeln, Rinderknochenbrühe und Knoblauch vermischen. Rippchen hinzufügen. Abdecken und bei niedriger Hitze 9 bis 10 Stunden oder 4½ bis 5 Stunden bei hoher Hitze garen. Übertragen Sie die Rippchen mit einem Schaumlöffel auf eine Platte. Zum Warmhalten mit Folie abdecken.

4. In der Zwischenzeit für den Kürbis in einer großen Pfanne 3 Esslöffel Öl bei mittlerer bis hoher Hitze erhitzen. Den Kürbis und 3 Teelöffel Thymian dazugeben und umrühren, bis der Kürbis bedeckt ist. Den Kürbis in einer einzigen Schicht in der Pfanne anrichten und ohne Rühren ca. 3 Minuten garen, bis er auf der

Unterseite gebräunt ist. Kürbisstücke umdrehen; Weitere 3 Minuten garen, bis die zweite Seite gebräunt ist. Reduzieren Sie die Hitze auf einen niedrigen Wert. abdecken und 10 bis 15 Minuten kochen lassen oder bis es weich ist. Mit dem restlichen 1 Teelöffel frischem Thymian bestreuen; Mit zusätzlichem nativem Olivenöl extra beträufeln.

5. Für die Gremolata so viele zurückbehaltene Fenchelwedel fein hacken, dass eine Viertel Tasse entsteht. In einer kleinen Schüssel die gehackten Fenchelwedel, Petersilie, Knoblauch, Zitronenschale und Orangenschale verrühren.

6. Gremolata über die Rippchen streuen. Mit Kürbis servieren.

RINDFLEISCHPASTETCHEN NACH SCHWEDISCHER ART MIT SENF-DILL-GURKENSALAT

VORBEREITUNG: 30 Minuten kochen: 15 Minuten ergeben: 4 Portionen

RINDFLEISCH À LA LINDSTROM IST EIN SCHWEDISCHER HAMBURGER DAS TRADITIONELL MIT ZWIEBELN, KAPERN UND EINGELEGTEN RÜBEN GESPICKT IST UND MIT SOßE UND OHNE BRÖTCHEN SERVIERT WIRD. DIESE MIT PIMENT ANGEREICHERTE VERSION ERSETZT DIE SALZHALTIGEN EINGELEGTEN RÜBEN UND KAPERN DURCH GERÖSTETE RÜBEN UND WIRD MIT EINEM SPIEGELEI BELEGT.

GURKENSALAT
- 2 Teelöffel frischer Orangensaft
- 2 Teelöffel Weißweinessig
- 1 Teelöffel Dijon-Senf (siehe Rezept)
- 1 Esslöffel natives Olivenöl extra
- 1 große kernlose (englische) Gurke, geschält und in Scheiben geschnitten
- 2 Esslöffel geschnittene Frühlingszwiebeln
- 1 Esslöffel gehackter frischer Dill

RINDFLEISCH-PATTIES
- 1 Pfund Hackfleisch
- ¼ Tasse fein gehackte Zwiebel
- 1 Esslöffel Dijon-Senf (siehe Rezept)
- ¾ Teelöffel schwarzer Pfeffer
- ½ Teelöffel gemahlener Piment
- ½ einer kleinen Rübe, geröstet, geschält und fein gewürfelt*
- 2 Esslöffel natives Olivenöl extra
- ½ Tasse Rinderknochenbrühe (siehe Rezept) oder Rinderbrühe ohne Salzzusatz
- 4 große Eier

1 Esslöffel fein gehackter Schnittlauch

1. Für den Gurkensalat in einer großen Schüssel Orangensaft, Essig und Dijon-Senf verrühren. Olivenöl langsam in einem dünnen Strahl hinzufügen und verrühren, bis das Dressing leicht eindickt. Gurke, Frühlingszwiebeln und Dill hinzufügen; vermengen, bis alles gut vermischt ist. Abdecken und bis zum Servieren im Kühlschrank aufbewahren.

2. Für Rindfleischpastetchen in einer großen Schüssel Rinderhackfleisch, Zwiebeln, Dijon-Senf, Pfeffer und Piment vermischen. Geröstete Rüben hinzufügen und vorsichtig vermischen, bis sie gleichmäßig in das Fleisch eingearbeitet sind. Aus der Mischung vier ½ Zoll dicke Pastetchen formen.

3. In einer großen Pfanne 1 Esslöffel Olivenöl bei mittlerer bis hoher Hitze erhitzen. Braten Sie die Pastetchen etwa 8 Minuten lang oder bis sie außen gebräunt und durchgegart sind (160°), dabei einmal wenden. Die Pastetchen auf einen Teller legen und zum Warmhalten locker mit Folie abdecken. Fügen Sie Rinderknochenbrühe hinzu und rühren Sie um, um gebräunte Stücke vom Boden der Pfanne abzukratzen. Etwa 4 Minuten kochen lassen oder bis es auf die Hälfte reduziert ist. Die Pastetchen mit etwas Bratensaft beträufeln und wieder locker abdecken.

4. Spülen Sie die Pfanne aus und wischen Sie sie mit einem Papiertuch aus. Den restlichen 1 Esslöffel Olivenöl bei mittlerer Hitze erhitzen. Eier in heißem Öl 3 bis 4 Minuten lang braten, bis das Eiweiß gar ist, das Eigelb jedoch weich und flüssig bleibt.

5. Auf jedes Rinderfrikadellen ein Ei legen. Mit Schnittlauch bestreuen und mit Gurkensalat servieren.

*Tipp: Zum Braten die Rote Bete gut schrubben und auf ein Stück Alufolie legen. Mit etwas Olivenöl beträufeln. In Folie einwickeln und fest verschließen. In einem auf 180 °C vorgeheizten Ofen etwa 30 Minuten rösten, bis eine Gabel die Rüben leicht durchdringt. Abkühlen lassen; Haut abziehen. (Rüben können bis zu 3 Tage im Voraus geröstet werden. Geschälte geröstete Rüben fest einwickeln und im Kühlschrank aufbewahren.)

ERSTICKTE BEEFBURGER AUF RUCOLA MIT GERÖSTETEM WURZELGEMÜSE

VORBEREITUNG:40 Minuten kochen: 35 Minuten braten: 20 Minuten ergibt: 4 Portionen

ES GIBT VIELE ELEMENTEZU DIESEN HERZHAFTEN BURGERN – DEREN ZUBEREITUNG ZWAR ETWAS ZEIT IN ANSPRUCH NIMMT –, ABER DIE UNGLAUBLICHE GESCHMACKSKOMBINATION IST DIE MÜHE WERT: EIN FLEISCHIGER BURGER WIRD MIT KARAMELLISIERTEN ZWIEBELN UND PILZPFANNENSAUCE BELEGT UND MIT SÜßEM RÖSTGEMÜSE UND PFEFFER SERVIERT RUCOLA.

5 Esslöffel natives Olivenöl extra

2 Tassen geschnittene frische Champignons, Cremini und/oder Shiitake-Pilze

3 gelbe Zwiebeln, in dünne Scheiben geschnitten*

2 Teelöffel Kümmel

3 Karotten, geschält und in 2,5 cm große Stücke geschnitten

2 Pastinaken, geschält und in 2,5 cm große Stücke geschnitten

1 Eichelkürbis, halbiert, entkernt und in Spalten geschnitten

Frisch gemahlener schwarzer Pfeffer

2 Pfund Hackfleisch

½ Tasse fein gehackte Zwiebel

1 Esslöffel salzfreie Allzweck-Gewürzmischung

2 Tassen Rinderknochenbrühe (siehe Rezept) oder Rinderbrühe ohne Salzzusatz

¼ Tasse ungesüßter Apfelsaft

1 bis 2 Esslöffel trockener Sherry- oder Weißweinessig

1 Esslöffel Dijon-Senf (siehe Rezept)

1 Esslöffel geschnittene frische Thymianblätter

1 Esslöffel geschnittene frische Petersilienblätter

8 Tassen Rucolablätter

1. Den Ofen auf 200 °C (425 °F) vorheizen. Für die Soße in einer großen Pfanne 1 Esslöffel Olivenöl bei mittlerer bis hoher Hitze erhitzen. Pilze hinzufügen; kochen und etwa 8 Minuten rühren, bis es gut gebräunt und zart ist. Geben Sie die Pilze mit einem Schaumlöffel auf einen Teller. Stellen Sie die Pfanne wieder auf den Herd. Hitze auf mittlere Stufe reduzieren. Den restlichen 1 Esslöffel Olivenöl, die geschnittenen Zwiebeln und den Kümmel hinzufügen. Abdecken und 20 bis 25 Minuten kochen lassen oder bis die Zwiebeln sehr weich und kräftig gebräunt sind, dabei gelegentlich umrühren. (Passen Sie die Hitze nach Bedarf an, damit die Zwiebeln nicht anbrennen.)

2. In der Zwischenzeit für geröstetes Wurzelgemüse Karotten, Pastinaken und Kürbis auf einem großen Backblech anrichten. Mit 2 Esslöffeln Olivenöl beträufeln und nach Geschmack mit Pfeffer bestreuen; umrühren, um das Gemüse zu bedecken. 20 bis 25 Minuten lang rösten oder bis es weich ist und anfängt zu bräunen, dabei nach der Hälfte der Röstzeit einmal wenden. Halten Sie das Gemüse bis zum Servieren warm.

3. Für Burger das Hackfleisch, die fein gehackten Zwiebeln und die Gewürzmischung in einer großen Schüssel vermischen. Teilen Sie die Fleischmischung in vier gleiche Portionen und formen Sie sie zu etwa 0,9 cm dicken Pastetchen. In einer extragroßen Pfanne den restlichen 1 Esslöffel Olivenöl bei mittlerer bis hoher Hitze erhitzen. Burger in die Pfanne geben; etwa 8 Minuten garen oder bis es auf beiden Seiten scharf angebraten ist, dabei einmal wenden. Die Burger auf einen Teller geben.

4. Karamellisierte Zwiebeln, reservierte Pilze, Rinderknochenbrühe, Apfelsaft, Sherry und Dijon-Senf in die Pfanne geben und umrühren. Bringen Sie die Burger wieder in die Pfanne. Zum

Köcheln bringen. Kochen, bis die Burger fertig sind (160 °F), etwa 7 bis 8 Minuten. Nach Geschmack frischen Thymian, Petersilie und Pfeffer hinzufügen.

5. Zum Servieren je 2 Tassen Rucola auf vier Serviertellern anrichten. Das geröstete Gemüse auf die Salate verteilen und mit den Burgern belegen. Die Zwiebelmischung großzügig auf die Burger verteilen.

*Tipp: Ein Mandolinenschneider ist eine große Hilfe beim Schneiden von Zwiebeln in dünne Scheiben.

GEGRILLTE BEEFBURGER MIT TOMATEN IN SESAMKRUSTE

VORBEREITUNG:30 Minuten stehen lassen: 20 Minuten grillen: 10 Minuten ergibt: 4 Portionen

KNUSPRIGE, GOLDBRAUNE TOMATENSCHEIBEN MIT SESAMKRUSTEERSETZEN SIE MIT DIESEN RAUCHIGEN BURGERN DAS TRADITIONELLE SESAMBRÖTCHEN. SERVIEREN SIE SIE MIT MESSER UND GABEL.

4 ½ Zoll dicke rote oder grüne Tomatenscheiben*
1¼ Pfund mageres Rinderhackfleisch
1 Esslöffel Rauchgewürz (siehe Rezept)
1 großes Ei
¾ Tasse Mandelmehl
¼ Tasse Sesamkörner
¼ Teelöffel schwarzer Pfeffer
1 kleine rote Zwiebel, halbiert und in Scheiben geschnitten
1 Esslöffel natives Olivenöl extra
¼ Tasse raffiniertes Kokosöl
1 kleiner Kopf-Bibb-Salat
Paläo-Ketchup (siehe Rezept)
Senf nach Dijon-Art (siehe Rezept)

1. Tomatenscheiben auf eine doppelte Lage Papiertücher legen. Decken Sie die Tomaten mit einer weiteren doppelten Lage Papiertüchern ab. Drücken Sie die Papiertücher leicht nach unten, damit sie an den Tomaten haften bleiben. 20 bis 30 Minuten bei Zimmertemperatur stehen lassen, damit etwas vom Tomatensaft absorbiert wird.

2. In einer großen Schüssel Rinderhackfleisch und Smoky Seasoning vermengen. Formen Sie vier ½ Zoll dicke Pastetchen.

3. In einer flachen Schüssel das Ei mit einer Gabel leicht schlagen. In einer anderen flachen Schüssel Mandelmehl, Sesam und Pfeffer vermischen. Tauchen Sie jede Tomatenscheibe in das Ei und wenden Sie sie, um sie zu bedecken. Überschüssiges Ei abtropfen lassen. Tauchen Sie jede Tomatenscheibe in die Mandelmehlmischung und drehen Sie sie zum Überziehen. Die beschichteten Tomaten auf einen flachen Teller legen; beiseite legen. Zwiebelscheiben mit Olivenöl vermengen; Zwiebelscheiben in einen Grillkorb legen.

4. Für einen Holzkohle- oder Gasgrill legen Sie die Zwiebeln in den Korb und die Rindfleischpastetchen auf dem Grillrost bei mittlerer Hitze. Abdecken und 10 bis 12 Minuten grillen, bis die Zwiebeln goldbraun und leicht verkohlt sind und die Pastetchen fertig sind (160°), dabei die Zwiebeln gelegentlich umrühren und die Pastetchen einmal wenden.

5. In der Zwischenzeit in einer großen Pfanne Öl bei mittlerer Hitze erhitzen. Tomatenscheiben hinzufügen; 8 bis 10 Minuten kochen lassen oder bis sie goldbraun sind, dabei einmal wenden. (Wenn die Tomaten zu schnell braun werden, reduzieren Sie die Hitze auf mittlere bis niedrige Stufe. Fügen Sie bei Bedarf zusätzliches Öl hinzu.) Auf einem mit Küchenpapier ausgelegten Teller abtropfen lassen.

6. Zum Servieren den Salat auf vier Servierteller verteilen. Mit Pastetchen, Zwiebeln, Paleo-Ketchup, Dijon-Senf und Tomaten mit Sesamkruste belegen.

*Hinweis: Sie benötigen wahrscheinlich 2 große Tomaten. Wenn Sie rote Tomaten verwenden, wählen Sie Tomaten, die gerade reif, aber noch leicht fest sind.

BURGER AM SPIEß MIT BABA GHANOUSH-DIP

EINWEICHEN:15 Minuten Vorbereitung: 20 Minuten Grillen: 35 Minuten ergibt: 4 Portionen

BABA GHANOUSH IST EINE BROTAUFSTRICHFORM AUS DEM NAHEN OSTENHERGESTELLT AUS RAUCHIGEN, GEGRILLTEN AUBERGINEN, PÜRIERT MIT OLIVENÖL, ZITRONE, KNOBLAUCH UND TAHINI, EINER PASTE AUS GEMAHLENEN SESAMKÖRNERN. EINE PRISE SESAMSAMEN IST IN ORDNUNG, ABER WENN SIE ZU ÖL ODER PASTE VERARBEITET WERDEN, WERDEN SIE ZU EINER KONZENTRIERTEN QUELLE VON LINOLSÄURE, DIE ZU ENTZÜNDUNGEN BEITRAGEN KANN. DIE HIER VERWENDETE PINIENKERNBUTTER IST EIN GUTER ERSATZ.

4 getrocknete Tomaten

1½ Pfund mageres Rinderhackfleisch

3 bis 4 Esslöffel fein gehackte Zwiebeln

1 Esslöffel fein geschnittener frischer Oregano und/oder fein geschnittene frische Minze oder ½ Teelöffel getrockneter Oregano, zerstoßen

¼ Teelöffel Cayennepfeffer

Baba Ghanoush-Dip-Sauce (sieheRezept, unten)

1. Acht 10-Zoll-Holzspieße 30 Minuten lang in Wasser einweichen. In der Zwischenzeit die Tomaten in einer kleinen Schüssel mit kochendem Wasser übergießen. Lassen Sie es 5 Minuten lang stehen, um es zu rehydrieren. Tomaten abtropfen lassen und mit Papiertüchern trocken tupfen.

2. In einer großen Schüssel gehackte Tomaten, Rinderhackfleisch, Zwiebeln, Oregano und Cayennepfeffer vermengen. Teilen Sie die Fleischmischung in acht Portionen; Rollen Sie jede Portion zu einer Kugel. Spieße aus dem Wasser nehmen; trocken tupfen. Eine Kugel auf einen Spieß stecken und rund um den Spieß ein langes

Oval formen. Dabei knapp unterhalb der spitzen Spitze beginnen und am anderen Ende genügend Platz lassen, um den Spieß halten zu können. Mit den restlichen Spießen und Kugeln wiederholen.

3. Für einen Holzkohle- oder Gasgrill legen Sie die Rindfleischspieße direkt bei mittlerer Hitze auf einen Grillrost. Abdecken und ca. 6 Minuten grillen oder bis es fertig ist (160 °F), dabei nach der Hälfte der Grillzeit einmal wenden. Mit Baba Ghanoush-Dip servieren.

Baba-Ghanoush-Dip: Mit einer Gabel zwei mittelgroße Auberginen an mehreren Stellen einstechen. Für einen Holzkohle- oder Gasgrill legen Sie die Auberginen direkt bei mittlerer Hitze auf einen Grillrost. Abdecken und 10 Minuten grillen oder bis es von allen Seiten verkohlt ist, dabei während des Grillens mehrmals wenden. Auberginen herausnehmen und vorsichtig in Folie einwickeln. Legen Sie die eingewickelten Auberginen wieder auf den Grillrost, aber nicht direkt über die Kohlen. Abdecken und weitere 25 bis 35 Minuten grillen, bis es zusammenfällt und sehr zart ist. Cool. Auberginen halbieren und das Fruchtfleisch herauskratzen; Fleisch in eine Küchenmaschine geben. Fügen Sie ¼ Tasse Pinienkernbutter hinzu (sieheRezept); ¼ Tasse frischer Zitronensaft; 2 Knoblauchzehen, gehackt; 1 Esslöffel natives Olivenöl extra; 2 bis 3 Esslöffel gehackte frische Petersilie; und ½ Teelöffel gemahlener Kreuzkümmel. Abdecken und verarbeiten, bis es fast glatt ist. Wenn die Soße zum Eintauchen zu dick ist, rühren Sie so viel Wasser ein, bis die gewünschte Konsistenz erreicht ist.

MIT RAUCH GEFÜLLTE PAPRIKA

VORBEREITUNG: 20 Minuten kochen: 8 Minuten backen: 30 Minuten ergibt: 4 Portionen

MACHEN SIE DIESEN FAMILIENFAVORITENMIT EINER MISCHUNG AUS BUNTEN GEMÜSEPAPRIKA FÜR EIN AUFFÄLLIGES GERICHT. DIE ÜBER DEM FEUER GERÖSTETEN TOMATEN SIND EIN SCHÖNES BEISPIEL DAFÜR, WIE MAN SPEISEN AUF GESUNDE WEISE GROßARTIGEN GESCHMACK VERLEIHT. DER EINFACHE VORGANG, DIE TOMATEN VOR DEM EINMACHEN LEICHT ZU VERKOHLEN (OHNE SALZ), VERSTÄRKT IHREN GESCHMACK.

4 große grüne, rote, gelbe und/oder orangefarbene Paprika
1 Pfund Hackfleisch
1 Esslöffel Rauchgewürz (siehe Rezept)
1 Esslöffel natives Olivenöl extra
1 kleine gelbe Zwiebel, gehackt
3 Knoblauchzehen, gehackt
1 kleiner Blumenkohlkopf, entkernt und in Röschen zerteilt
1 15-Unzen-Dose ohne Salzzusatz, gewürfelte, über dem Feuer geröstete Tomaten, abgetropft
¼ Tasse fein gehackte frische Petersilie
½ Teelöffel schwarzer Pfeffer
⅛ Teelöffel Cayennepfeffer
½ Tasse Walnusskrümel-Topping (siehe Rezept, unten)

1. Den Ofen auf 375 °F vorheizen. Paprika vertikal halbieren. Stiele, Samen und Membranen entfernen; verwerfen. Paprikahälften beiseite legen.

2. Hackfleisch in eine mittelgroße Schüssel geben; Mit Smoky Seasoning bestreuen. Mischen Sie die Gewürze vorsichtig mit den Händen unter das Fleisch.

3. In einer großen Pfanne Olivenöl bei mittlerer Hitze erhitzen. Fleisch, Zwiebeln und Knoblauch hinzufügen; kochen, bis das Fleisch gebräunt und die Zwiebeln zart sind, dabei mit einem Holzlöffel umrühren, um das Fleisch aufzulockern. Pfanne vom Herd nehmen.

4. In einer Küchenmaschine die Blumenkohlröschen fein zerkleinern. (Wenn Sie keine Küchenmaschine haben, reiben Sie den Blumenkohl auf einer Küchenreibe.) Messen Sie 3 Tassen Blumenkohl ab. Zur Hackfleischmischung in der Pfanne hinzufügen. (Wenn noch Blumenkohl übrig ist, bewahren Sie ihn für eine andere Verwendung auf.) Abgetropfte Tomaten, Petersilie, schwarzen Pfeffer und Cayennepfeffer unterrühren.

5. Füllen Sie die Paprikahälften mit der Hackfleischmischung, füllen Sie sie leicht und häufen Sie sie leicht an. Gefüllte Paprikahälften in einer Auflaufform anrichten. 30 bis 35 Minuten backen oder bis die Paprika knusprig und zart sind.* Mit Walnusskrümel-Topping belegen. Falls gewünscht, vor dem Servieren noch einmal für 5 Minuten in den Ofen stellen, damit der Belag knusprig wird.

Walnusskrümel-Topping: In einer mittelgroßen Pfanne 1 Esslöffel natives Olivenöl extra bei mittlerer Hitze erhitzen. 1 Teelöffel getrockneter Thymian, 1 Teelöffel geräuchertes Paprikapulver und ¼ Teelöffel Knoblauchpulver unterrühren. Fügen Sie 1 Tasse sehr fein gehackte Walnüsse hinzu. Etwa 5 Minuten kochen und umrühren, bis die Walnüsse goldbraun und leicht geröstet sind. Ein oder zwei Spritzer Cayennepfeffer unterrühren. Vollständig abkühlen lassen. Bewahren Sie den restlichen Belag bis zur Verwendung in einem dicht verschlossenen Behälter im Kühlschrank auf. Ergibt 1 Tasse.

*Hinweis: Wenn Sie grüne Paprika verwenden, weitere 10 Minuten backen.

BISON-BURGER MIT CABERNET-ZWIEBELN UND RUCOLA

VORBEREITUNG:30 Minuten kochen: 18 Minuten Grillen: 10 Minuten ergibt: 4 Portionen

BISON HAT EINEN SEHR GERINGEN FETTGEHALTUND GART 30 BIS 50 % SCHNELLER ALS RINDFLEISCH. DAS FLEISCH BEHÄLT NACH DEM GAREN SEINE ROTE FARBE, DAHER IST DIE FARBE KEIN INDIKATOR FÜR DEN GARGRAD. DA BISON SO MAGER IST, SOLLTEN SIE ES NICHT ÜBER EINE INNENTEMPERATUR VON 155 °F GAREN.

2 Esslöffel natives Olivenöl extra
2 große süße Zwiebeln, in dünne Scheiben geschnitten
¾ Tasse Cabernet Sauvignon oder anderer trockener Rotwein
1 Teelöffel mediterranes Gewürz (sieheRezept)
¼ Tasse natives Olivenöl extra
¼ Tasse Balsamico-Essig
1 Esslöffel fein gehackte Schalotte
1 Esslöffel geschnittener frischer Basilikum
1 kleine Knoblauchzehe, gehackt
1 Pfund gemahlener Bison
¼ Tasse Basilikumpesto (sieheRezept)
5 Tassen Rucola
Rohe, ungesalzene Pistazien, geröstet (sieheTipp)

1. In einer großen Pfanne 2 Esslöffel Öl bei mittlerer bis niedriger Hitze erhitzen. Zwiebeln hinzufügen. Zugedeckt 10 bis 15 Minuten kochen lassen oder bis die Zwiebeln weich sind, dabei gelegentlich umrühren. Aufdecken; kochen und bei mittlerer bis hoher Hitze 3 bis 5 Minuten lang rühren, bis die Zwiebeln goldbraun sind. Wein hinzufügen; etwa 5 Minuten kochen lassen oder bis der größte Teil des Weins verdampft ist. Mit mediterranen Gewürzen bestreuen; warm halten.

2. In der Zwischenzeit für die Vinaigrette ¼ Tasse Olivenöl, Essig, Schalotte, Basilikum und Knoblauch in einem Schraubglas vermischen. Abdecken und gut schütteln.

3. In einer großen Schüssel gemahlenes Bison und Basilikumpesto leicht vermischen. Formen Sie die Fleischmischung leicht in vier Zentimeter dicke Pastetchen.

4. Für einen Holzkohle- oder Gasgrill legen Sie die Patties direkt bei mittlerer Hitze auf einen leicht gefetteten Grillrost. Abdecken und etwa 10 Minuten bis zum gewünschten Gargrad grillen (145 °F für Medium Rare oder 155 °F für Medium), dabei nach der Hälfte der Grillzeit einmal wenden.

5. Rucola in eine große Schüssel geben. Vinaigrette über den Rucola träufeln; Zum Überziehen werfen. Zum Servieren die Zwiebeln auf vier Servierteller verteilen; Jeweils mit einem Bison-Burger belegen. Burger mit Rucola belegen und mit Pistazien bestreuen.

BISON- UND LAMMHACKBRATEN AUF MANGOLD UND SÜßKARTOFFELN

VORBEREITUNG: 1 Stunde kochen: 20 Minuten backen: 1 Stunde stehen lassen: 10 Minuten ergibt: 4 Portionen

DAS IST ALTMODISCHES WOHLFÜHLESSEN MIT EINEM MODERNEN TOUCH. EINE ROTWEIN-PFANNENSAUCE VERLEIHT DEM HACKBRATEN EINEN GESCHMACKSSCHUB, UND DER MIT KNOBLAUCH ANGEREICHERTE MANGOLD UND DIE MIT CASHEWCREME UND KOKOSNUSSÖL PÜRIERTEN SÜßKARTOFFELN BIETEN EINEN UNGLAUBLICHEN NÄHRSTOFFGEHALT.

2 Esslöffel Olivenöl
1 Tasse fein gehackte Cremini-Pilze
½ Tasse fein gehackte rote Zwiebel (1 mittelgroße)
½ Tasse fein gehackter Sellerie (1 Stange)
⅓ Tasse fein gehackte Karotte (1 kleine)
½ eines kleinen Apfels, entkernt, geschält und zerkleinert
2 Knoblauchzehen, gehackt
½ Teelöffel mediterranes Gewürz (siehe Rezept)
1 großes Ei, leicht geschlagen
1 Esslöffel geschnittener frischer Salbei
1 Esslöffel gehackter frischer Thymian
8 Unzen gemahlener Bison
8 Unzen Lamm- oder Rinderhackfleisch
¾ Tasse trockener Rotwein
1 mittelgroße Schalotte, fein gehackt
¾ Tasse Rinderknochenbrühe (siehe Rezept) oder Rinderbrühe ohne Salzzusatz
Süßkartoffelpüree (siehe Rezept, unten)
Knoblauchiger Mangold (siehe Rezept, unten)

1. Backofen auf 350 °F vorheizen. In einer großen Pfanne Öl bei mittlerer Hitze erhitzen. Pilze, Zwiebeln, Sellerie und Karotten

hinzufügen; kochen und etwa 5 Minuten rühren, bis das Gemüse weich ist. Reduzieren Sie die Hitze auf einen niedrigen Wert. geriebenen Apfel und Knoblauch hinzufügen. Zugedeckt etwa 5 Minuten garen, bis das Gemüse sehr zart ist. Vom Herd nehmen; Mediterranes Gewürz unterrühren.

2. Geben Sie die Pilzmischung mit einem Schaumlöffel in eine große Schüssel und bewahren Sie die Tropfen in der Pfanne auf. Ei, Salbei und Thymian unterrühren. Gemahlenes Bison und gehacktes Lamm hinzufügen; leicht vermischen. Die Fleischmischung in eine rechteckige Auflaufform mit 2 Liter Fassungsvermögen geben. Zu einem 7×4 Zoll großen Rechteck formen. Etwa 1 Stunde backen oder bis ein sofort ablesbares Thermometer 155 °F anzeigt. 10 Minuten stehen lassen. Den Hackbraten vorsichtig auf eine Servierplatte legen. Abdecken und warm halten.

3. Für die Pfannensoße die Bratenfette und die braunen Krustenstücke aus der Auflaufform in die Bratenfette der Pfanne kratzen. Wein und Schalotte hinzufügen. Bei mittlerer Hitze zum Kochen bringen; kochen, bis es auf die Hälfte reduziert ist. Rinderknochenbrühe hinzufügen; kochen und umrühren, bis die Menge auf die Hälfte reduziert ist. Pfanne vom Herd nehmen.

4. Zum Servieren das Süßkartoffelpüree auf vier Servierteller verteilen. Mit etwas Knoblauch-Mangold belegen. Hackbraten in Scheiben schneiden; Die Scheiben auf den Garlicky Swiss Mangold legen und mit der Pfannensoße beträufeln.

Süßkartoffelpüree: 4 mittelgroße Süßkartoffeln schälen und grob hacken. Kochen Sie die Kartoffeln in einem großen Topf in so viel kochendem Wasser, dass sie bedeckt sind, 15 Minuten lang oder bis sie weich sind. Abfluss. Mit einem Kartoffelstampfer zerstampfen. Fügen Sie ½ Tasse Cashewcreme hinzu (siehe Rezept) und 2 Esslöffel unraffiniertes Kokosöl; pürieren, bis eine glatte Masse entsteht. Warm halten.

Knoblauchiger Mangold: Stiele von 2 Bund Mangold entfernen und wegwerfen. Blätter grob hacken. In einer großen Pfanne 2 Esslöffel Olivenöl bei mittlerer Hitze erhitzen. Mangold und 2 gehackte Knoblauchzehen hinzufügen; kochen, bis der Mangold zusammengefallen ist, dabei gelegentlich mit einer Zange umrühren.

BISON-FLEISCHBÄLLCHEN MIT APFEL-JOHANNISBEER-SAUCE UND ZUCCHINI-PAPPARDELLE

VORBEREITUNG: 25 Minuten backen: 15 Minuten kochen: 18 Minuten
ergibt: 4 Portionen

DIE FLEISCHBÄLLCHEN WERDEN SEHR NASS SEINWIE DU SIE FORMST. UM ZU VERHINDERN, DASS DIE FLEISCHMISCHUNG AN IHREN HÄNDEN KLEBT, HALTEN SIE EINE SCHÜSSEL MIT KALTEM WASSER BEREIT UND BEFEUCHTEN SIE IHRE HÄNDE WÄHREND DER ARBEIT GELEGENTLICH. WECHSELN SIE DAS WASSER EIN PAAR MAL, WÄHREND SIE DIE FLEISCHBÄLLCHEN ZUBEREITEN.

FLEISCHKLÖßCHEN
- Olivenöl
- ½ Tasse grob gehackte rote Zwiebel
- 2 Knoblauchzehen, gehackt
- 1 Ei, leicht geschlagen
- ½ Tasse fein gehackte Champignons und Stiele
- 2 Esslöffel geschnittene frische italienische (glattblättrige) Petersilie
- 2 Teelöffel Olivenöl
- 1 Pfund gemahlener Bison (grober Boden, falls verfügbar)

APFEL-JOHANNISBEER-SAUCE
- 2 Esslöffel Olivenöl
- 2 große Granny-Smith-Äpfel, geschält, entkernt und fein gehackt
- 2 Schalotten, gehackt
- 2 Esslöffel frischer Zitronensaft
- ½ Tasse Hühnerknochenbrühe (sieheRezept) oder Hühnerbrühe ohne Salzzusatz
- 2 bis 3 Esslöffel getrocknete Johannisbeeren

ZUCCHINI-PAPPARDELLE
- 6 Zucchini

2 Esslöffel Olivenöl
¼ Tasse fein gehackte Frühlingszwiebeln
½ Teelöffel zerstoßener roter Pfeffer
2 Knoblauchzehen, gehackt

1. Für Fleischbällchen den Ofen auf 375 °F vorheizen. Ein umrandetes Backblech leicht mit Olivenöl bestreichen; beiseite legen. In einer Küchenmaschine oder einem Mixer Zwiebel und Knoblauch vermengen. Pulsieren, bis eine glatte Masse entsteht. Zwiebelmischung in eine mittelgroße Schüssel geben. Ei, Pilze, Petersilie und 2 Teelöffel Öl hinzufügen; Zum Kombinieren umrühren. Gemahlenes Bison hinzufügen; Leicht, aber gut mischen. Teilen Sie die Fleischmischung in 16 Portionen auf; zu Fleischbällchen formen. Legen Sie die Fleischbällchen gleichmäßig verteilt auf das vorbereitete Backblech. 15 Minuten backen; beiseite legen.

2. Für die Soße in einer Pfanne 2 Esslöffel Öl bei mittlerer Hitze erhitzen. Äpfel und Schalotten hinzufügen; 6 bis 8 Minuten kochen und rühren, bis es sehr weich ist. Zitronensaft einrühren. Geben Sie die Mischung in eine Küchenmaschine oder einen Mixer. Abdecken und verarbeiten oder mixen, bis eine glatte Masse entsteht; Zurück zur Pfanne. Hühnerknochenbrühe und Johannisbeeren unterrühren. Zum Kochen bringen; Hitze reduzieren. Ohne Deckel 8 bis 10 Minuten köcheln lassen, dabei häufig umrühren. Fleischbällchen hinzufügen; kochen und bei schwacher Hitze rühren, bis alles durchgeheizt ist.

3. In der Zwischenzeit für die Pappardelle die Enden der Zucchini abschneiden. Schneiden Sie die Zucchini mit einer Mandoline oder einem sehr scharfen Gemüseschäler in dünne Streifen. (Um die Bänder intakt zu halten, hören Sie mit dem Rasieren auf, sobald Sie die Kerne in der Mitte des Kürbisses erreicht haben.) In einer

extragroßen Pfanne 2 Esslöffel Öl bei mittlerer Hitze erhitzen. Frühlingszwiebeln, zerstoßene rote Paprika und Knoblauch unterrühren; kochen und 30 Sekunden lang umrühren. Zucchinibänder hinzufügen. Kochen und etwa 3 Minuten lang vorsichtig umrühren, bis es zusammenfällt.

4. Zum Servieren die Pappardelle auf vier Servierteller verteilen. Mit Fleischbällchen und Apfel-Johannisbeer-Sauce belegen.

BISON-STEINPILZ-BOLOGNESE MIT GERÖSTETEM KNOBLAUCH-SPAGHETTIKÜRBIS

VORBEREITUNG: 30 Minuten kochen: 1 Stunde 30 Minuten backen: 35 Minuten ergibt: 6 Portionen

WENN SIE DACHTEN, SIE HÄTTEN GEGESSENIHR LETZTES GERICHT SPAGHETTI MIT FLEISCHSAUCE, NACHDEM SIE DIE PALEO-DIÄT® EINGEFÜHRT HABEN, DENKEN SIE NOCH EINMAL DARÜBER NACH. DIESE REICHHALTIGE BOLOGNESE, GEWÜRZT MIT KNOBLAUCH, ROTWEIN UND ERDIGEN STEINPILZEN, WIRD ÜBER SÜßE, SCHMACKHAFTE SPAGHETTIKÜRBISSTRÄNGE GEREICHT. SIE WERDEN DIE PASTA KEIN BISSCHEN VERMISSEN.

1 Unze getrocknete Steinpilze
1 Tasse kochendes Wasser
3 Esslöffel natives Olivenöl extra
1 Pfund gemahlener Bison
1 Tasse fein gehackte Karotten (2)
½ Tasse gehackte Zwiebel (1 mittelgroße)
½ Tasse fein gehackter Sellerie (1 Stange)
4 Knoblauchzehen, gehackt
3 Esslöffel salzfreies Tomatenmark
½ Tasse Rotwein
2 15-Unzen-Dosen ohne Salzzusatz zerkleinerte Tomaten
1 Teelöffel getrockneter Oregano, zerstoßen
1 Teelöffel getrockneter Thymian, zerstoßen
½ Teelöffel schwarzer Pfeffer
1 mittelgroßer Spaghettikürbis (2½ bis 3 Pfund)
1 Knoblauchknolle

1. In einer kleinen Schüssel die Steinpilze und das kochende Wasser vermischen. 15 Minuten stehen lassen. Durch ein mit einem

Käsetuch aus 100 % Baumwolle ausgelegtes Sieb abseihen und die Einweichflüssigkeit auffangen. Die Pilze hacken; Seite legen.

2. In einem 4- bis 5-Liter-Schmortopf 1 Esslöffel Olivenöl bei mittlerer Hitze erhitzen. Gemahlenen Bison, Karotten, Zwiebeln, Sellerie und Knoblauch hinzufügen. Kochen, bis das Fleisch gebräunt und das Gemüse zart ist, dabei mit einem Holzlöffel umrühren, um das Fleisch aufzulockern. Tomatenmark hinzufügen; kochen und 1 Minute rühren. Rotwein hinzufügen; kochen und 1 Minute rühren. Steinpilze, Tomaten, Oregano, Thymian und Pfeffer unterrühren. Geben Sie die zurückbehaltene Pilzflüssigkeit hinzu und achten Sie darauf, keinen Sand oder Splitt hinzuzufügen, der sich möglicherweise am Boden der Schüssel befindet. Unter gelegentlichem Rühren zum Kochen bringen; Reduzieren Sie die Hitze auf einen niedrigen Wert. Zugedeckt 1½ bis 2 Stunden köcheln lassen oder bis die gewünschte Konsistenz erreicht ist.

3. In der Zwischenzeit den Ofen auf 375 °F vorheizen. Kürbis der Länge nach halbieren; Samen auskratzen. Kürbishälften mit der Schnittfläche nach unten in eine große Auflaufform legen. Mit einer Gabel die Haut überall einstechen. Schneiden Sie den oberen halben Zoll der Knoblauchzehe ab. Legen Sie den Knoblauch mit der geschnittenen Seite nach oben in die Auflaufform zum Kürbis. Mit dem restlichen 1 Esslöffel Olivenöl beträufeln. 35 bis 45 Minuten backen oder bis Kürbis und Knoblauch weich sind.

4. Entfernen und zerkleinern Sie mit einem Löffel und einer Gabel das Kürbisfleisch aus jeder Kürbishälfte. In eine Schüssel geben und abdecken, um es warm zu halten. Wenn der Knoblauch kühl genug zum Anfassen ist, drücken Sie die Knolle von unten zusammen, um die Zehen herauszulösen. Mit einer Gabel die Knoblauchzehen zerdrücken. Den zerdrückten Knoblauch unter den Kürbis rühren

und den Knoblauch gleichmäßig verteilen. Zum Servieren die Soße über die Kürbismischung geben.

BISON CHILI CON CARNE

VORBEREITUNG: 25 Minuten kochen: 1 Stunde 10 Minuten ergibt: 4 Portionen

UNGESÜßTE SCHOKOLADE, KAFFEE UND ZIMT MACHEN SIE DIESEN HERZHAFTEN FAVORITEN INTERESSANTER. WENN SIE EINEN NOCH STÄRKEREN RAUCHGESCHMACK WÜNSCHEN, ERSETZEN SIE DEN NORMALEN PAPRIKA DURCH 1 ESSLÖFFEL SÜßEN GERÄUCHERTEN PAPRIKA.

- 3 Esslöffel natives Olivenöl extra
- 1 Pfund gemahlener Bison
- ½ Tasse gehackte Zwiebel (1 mittelgroße)
- 2 Knoblauchzehen, gehackt
- 2 14,5-Unzen-Dosen, gewürfelte Tomaten ohne Salzzusatz, nicht abgetropft
- 1 6-Unzen-Dose salzfreies Tomatenmark
- 1 Tasse Rinderknochenbrühe (siehe Rezept) oder Rinderbrühe ohne Salzzusatz
- ½ Tasse starker Kaffee
- 2 Unzen 99 % Kakao-Backriegel, gehackt
- 1 Esslöffel Paprika
- 1 Teelöffel gemahlener Kreuzkümmel
- 1 Teelöffel getrockneter Oregano
- 1½ Teelöffel Rauchgewürz (siehe Rezept)
- ½ Teelöffel gemahlener Zimt
- ⅓ Tasse Pepitas
- 1 Teelöffel Olivenöl
- ½ Tasse Cashewcreme (siehe Rezept)
- 1 Teelöffel frischer Limettensaft
- ½ Tasse frische Korianderblätter
- 4 Limettenschnitze

1. In einem Schmortopf 3 Esslöffel Olivenöl bei mittlerer Hitze erhitzen. Gemahlenen Bison, Zwiebel und Knoblauch hinzufügen; etwa 5 Minuten garen oder bis das Fleisch gebräunt ist, dabei mit einem Holzlöffel umrühren, um das Fleisch aufzulockern. Nicht abgetropfte Tomaten, Tomatenmark, Rinderknochenbrühe, Kaffee, Backschokolade, Paprika, Kreuzkümmel, Oregano, 1 Teelöffel Smoky Seasoning und Zimt unterrühren. Zum Kochen bringen; Hitze reduzieren. Zugedeckt 1 Stunde köcheln lassen, dabei gelegentlich umrühren.

2. In der Zwischenzeit in einer kleinen Pfanne Pepitas in 1 Teelöffel Olivenöl bei mittlerer Hitze rösten, bis sie anfangen zu platzen und goldbraun zu werden. Pepitas in eine kleine Schüssel geben; den restlichen ½ Teelöffel Smoky Seasoning hinzufügen; Zum Überziehen werfen.

3. In einer kleinen Schüssel Cashewcreme und Limettensaft vermischen.

4. Zum Servieren Chili in Schüsseln füllen. Garnieren Sie die Portionen mit Cashewcreme, Pepitas und Koriander. Mit Limettenspalten servieren.

MAROKKANISCH GEWÜRZTE BISONSTEAKS MIT GEGRILLTEN ZITRONEN

VORBEREITUNG: 10 Minuten Grillen: 10 Minuten ergeben: 4 Portionen

SERVIEREN SIE DIESE SCHNELL ZUBEREITETEN STEAKS MIT KÜHLEM UND KNACKIG GEWÜRZTEM KAROTTENSALAT (SIEHE REZEPT). WENN SIE LUST AUF ETWAS LECKERES HABEN, PROBIEREN SIE GEGRILLTE ANANAS MIT KOKOSCREME (SIEHE REZEPT) WÄRE EIN TOLLER ABSCHLUSS DES ESSENS.

2 Esslöffel gemahlener Zimt
2 Esslöffel Paprika
1 Esslöffel Knoblauchpulver
¼ Teelöffel Cayennepfeffer
4 6-Unzen-Bison-Filet-Mignon-Steaks, ¾ bis 1 Zoll dick geschnitten
2 Zitronen, horizontal halbiert

1. In einer kleinen Schüssel Zimt, Paprika, Knoblauchpulver und Cayennepfeffer verrühren. Steaks mit Papiertüchern trocken tupfen. Reiben Sie beide Seiten der Steaks mit der Gewürzmischung ein.

2. Bei einem Holzkohle- oder Gasgrill legen Sie die Steaks direkt bei mittlerer Hitze auf den Grillrost. Abdecken und für 10 bis 12 Minuten bei mittlerer Rarität (145 °F) oder 12 bis 15 Minuten bei mittlerer Hitze (155 °F) grillen, dabei nach der Hälfte der Grillzeit einmal wenden. In der Zwischenzeit die Zitronenhälften mit der Schnittfläche nach unten auf den Grillrost legen. 2 bis 3 Minuten grillen oder bis es leicht verkohlt und saftig ist.

3. Mit gegrillten Zitronenhälften servieren und über die Steaks drücken.

MIT KRÄUTERN DER PROVENCE GERIEBENER BISON-LENDENBRATEN

VORBEREITUNG:15 Minuten kochen: 15 Minuten braten: 1 Stunde 15 Minuten stehen lassen: 15 Minuten ergibt: 4 Portionen

HERBES DE PROVENCE IST EINE MISCHUNGGETROCKNETER KRÄUTER, DIE IM SÜDEN FRANKREICHS IN HÜLLE UND FÜLLE WACHSEN. DIE MISCHUNG ENTHÄLT NORMALERWEISE EINE KOMBINATION AUS BASILIKUM, FENCHELSAMEN, LAVENDEL, MAJORAN, ROSMARIN, SALBEI, BOHNENKRAUT UND THYMIAN. ES VERLEIHT DIESEM SEHR AMERIKANISCHEN BRATEN EINEN WUNDERBAREN GESCHMACK.

1 3 Pfund Bison-Lendenbraten
3 Esslöffel Kräuter der Provence
4 Esslöffel natives Olivenöl extra
3 Knoblauchzehen, gehackt
4 kleine Pastinaken, geschält und gehackt
2 reife Birnen, entkernt und gehackt
½ Tasse ungesüßter Birnennektar
1 bis 2 Teelöffel frischer Thymian

1. Den Ofen auf 375 °F vorheizen. Fett vom Braten entfernen. In einer kleinen Schüssel Kräuter der Provence, 2 Esslöffel Olivenöl und Knoblauch vermischen; Den gesamten Braten damit einreiben.

2. Den Braten auf einem Rost in eine flache Bratpfanne legen. Stecken Sie ein Ofenthermometer in die Mitte des Bratens.* Ohne Deckel 15 Minuten braten. Reduzieren Sie die Ofentemperatur auf 300 °F. Weitere 60 bis 65 Minuten braten oder bis das Fleischthermometer 140 °F anzeigt (medium rare). Mit Folie abdecken und 15 Minuten stehen lassen.

3. In der Zwischenzeit in einer großen Pfanne die restlichen 2 Esslöffel Olivenöl bei mittlerer Hitze erhitzen. Pastinaken und Birnen hinzufügen; 10 Minuten kochen lassen oder bis die Pastinaken knusprig und zart sind, dabei gelegentlich umrühren.
Birnennektar hinzufügen; etwa 5 Minuten kochen lassen oder bis die Soße leicht eingedickt ist. Mit Thymian bestreuen.

4. Den Braten quer zur Faser in dünne Scheiben schneiden. Fleisch mit Pastinaken und Birnen servieren.

*Tipp: Bison ist sehr mager und gart schneller als Rindfleisch. Darüber hinaus ist die Farbe des Fleisches rötlicher als die von Rindfleisch, sodass Sie sich nicht auf einen visuellen Hinweis verlassen können, um den Gargrad zu bestimmen. Damit Sie wissen, wann das Fleisch fertig ist, benötigen Sie ein Fleischthermometer. Ein Ofenthermometer ist ideal, aber keine Notwendigkeit.

IN KAFFEE GESCHMORTE BISON-RIPPCHEN MIT MANDARINEN-GREMOLATA UND SELLERIEWURZELBREI

VORBEREITUNG: 15 Minuten kochen: 2 Stunden 45 Minuten ergibt: 6 Portionen

BISON SHORT RIBS SIND GROß UND FLEISCHIG. UM ZART ZU WERDEN, MÜSSEN SIE LANGE IN FLÜSSIGKEIT GEKOCHT WERDEN. GREMOLATA AUS MANDARINENSCHALEN PEPPT DEN GESCHMACK DIESES HERZHAFTEN GERICHTS AUF.

MARINADE
2 Tassen Wasser
3 Tassen starker Kaffee, gekühlt
2 Tassen frischer Mandarinensaft
2 Esslöffel gehackter frischer Rosmarin
1 Teelöffel grob gemahlener schwarzer Pfeffer
4 Pfund Bison-Kurzrippen, zum Trennen zwischen den Rippen einschneiden

SCHMOREN
2 Esslöffel Olivenöl
1 Teelöffel schwarzer Pfeffer
2 Tassen gehackte Zwiebeln
½ Tasse gehackte Schalotten
6 Knoblauchzehen, gehackt
1 Jalapeño-Chili, entkernt und gehackt (siehe Tipp)
1 Tasse starker Kaffee
1 Tasse Rinderknochenbrühe (siehe Rezept) oder Rinderbrühe ohne Salzzusatz
¼ Tasse Paleo-Ketchup (siehe Rezept)
2 Esslöffel Dijon-Senf (siehe Rezept)
3 Esslöffel Apfelessig

Selleriewurzelbrei (siehe Rezept, unten)
Mandarinen-Gremolata (siehe Rezept, Rechts)

1. Für die Marinade Wasser, gekühlten Kaffee, Mandarinensaft, Rosmarin und schwarzen Pfeffer in einem großen, nicht reaktiven Behälter (Glas oder Edelstahl) vermischen. Rippchen hinzufügen. Legen Sie bei Bedarf einen Teller auf die Rippchen, damit sie unter Wasser bleiben. Abdecken und 4 bis 6 Stunden kalt stellen, dabei neu anordnen und einmal umrühren.

2. Für den Schmorbraten den Ofen auf 180 °C vorheizen. Rippchen abtropfen lassen, Marinade wegwerfen. Rippchen mit Papiertüchern trocken tupfen. In einem großen holländischen Ofen Olivenöl bei mittlerer bis hoher Hitze erhitzen. Rippchen mit schwarzem Pfeffer würzen. Die Rippchen portionsweise anbraten, bis sie von allen Seiten gebräunt sind, etwa 5 Minuten pro Portion. Auf einen großen Teller geben.

3. Zwiebeln, Schalotten, Knoblauch und Jalapeño in den Topf geben. Hitze auf mittlere Stufe reduzieren, abdecken und kochen, bis das Gemüse weich ist, dabei gelegentlich umrühren, etwa 10 Minuten. Kaffee und Brühe hinzufügen; umrühren, dabei gebräunte Stücke herausschaben. Fügen Sie Paleo-Ketchup, Dijon-Senf und Essig hinzu. Zum Kochen bringen. Rippchen hinzufügen. Abdecken und in den Ofen geben. Kochen, bis das Fleisch zart ist, etwa 2 Stunden und 15 Minuten, dabei vorsichtig umrühren und die Rippchen ein- oder zweimal neu anordnen.

4. Übertragen Sie die Rippchen auf einen Teller. Zelt mit Folie zum Warmhalten. Fett von der Saucenoberfläche ablöffeln. Kochen Sie die Soße etwa 5 Minuten lang, bis sie auf 2 Tassen reduziert ist. Selleriewurzelbrei auf 6 Teller verteilen; Mit Rippchen und Soße belegen. Mit Mandarinen-Gremolata bestreuen.

Selleriewurzelbrei: In einem großen Topf 3 Pfund Selleriewurzel, geschält und in 1-Zoll-Stücke geschnitten, und 4 Tassen Hühnerknochenbrühe vermischen (siehe <u>Rezept</u>) oder ungesalzene Hühnerbrühe. Zum Kochen bringen; Hitze reduzieren. Sellerie abgießen, Brühe auffangen. Selleriewurzel wieder in den Topf geben. Fügen Sie 1 Esslöffel Olivenöl und 2 Teelöffel gehackten frischen Thymian hinzu. Zerstampfen Sie die Selleriewurzel mit einem Kartoffelstampfer und fügen Sie nach Bedarf jeweils ein paar Esslöffel Brühe hinzu, um die gewünschte Konsistenz zu erreichen.

Mandarinen-Gremolata: In einer kleinen Schüssel ½ Tasse geschnittene frische Petersilie, 2 Esslöffel fein zerkleinerte Mandarinenschale und 2 gehackte Knoblauchzehen vermischen.

RINDERKNOCHENBRÜHE

VORBEREITUNG: 25 Minuten Braten: 1 Stunde Kochen: 8 Stunden ergibt: 8 bis 10 Tassen

KNOCHENIGE OCHSENSCHWÄNZE ERGEBEN EINE ÄUßERST WOHLSCHMECKENDE BRÜHEDAS KANN IN JEDEM REZEPT VERWENDET WERDEN, DAS RINDERBRÜHE ERFORDERT – ODER EINFACH ALS MUNTERMACHER IN EINER TASSE ZU JEDER TAGESZEIT GENOSSEN WERDEN. OBWOHL SIE URSPRÜNGLICH VOM OCHSEN STAMMTEN, STAMMEN OCHSENSCHWÄNZE HEUTE VON RINDERN.

5 Karotten, grob gehackt
5 Stangen Sellerie, grob gehackt
2 gelbe Zwiebeln, ungeschält, halbiert
8 Unzen weiße Pilze
1 Knoblauchknolle, ungeschält, halbiert
2 Pfund Ochsenschwanzknochen oder Rinderknochen
2 Tomaten
12 Tassen kaltes Wasser
3 Lorbeerblätter

1. Ofen auf 400 °F vorheizen. In einem großen Backblech oder einer flachen Backform mit Rand Karotten, Sellerie, Zwiebeln, Pilze und Knoblauch anrichten; Legen Sie die Knochen auf das Gemüse. Tomaten in einer Küchenmaschine zerkleinern, bis eine glatte Masse entsteht. Verteilen Sie die Tomaten auf den Knochen, um sie zu bedecken (es ist kein Problem, wenn etwas Püree auf die Pfanne und das Gemüse tropft). 1 bis 1½ Stunden rösten oder bis die Knochen tiefbraun und das Gemüse karamellisiert sind. Geben Sie Knochen und Gemüse in einen Schmortopf oder Suppentopf mit 10 bis 12 Liter Fassungsvermögen. (Wenn ein Teil der Tomatenmischung am Boden der Pfanne karamellisiert, geben Sie

1 Tasse heißes Wasser in die Pfanne und kratzen Sie alle Reste heraus. Gießen Sie die Flüssigkeit über die Knochen und das Gemüse und reduzieren Sie die Wassermenge um 1 Tasse.) Fügen Sie das kalte hinzu Wasser und Lorbeerblätter.

2. Bringen Sie die Mischung langsam bei mittlerer bis hoher Hitze zum Kochen. Hitze reduzieren; Abdecken und die Brühe 8 bis 10 Stunden köcheln lassen, dabei gelegentlich umrühren.

3. Brühe abseihen; Knochen und Gemüse wegwerfen. Kühle Brühe; Brühe in Vorratsbehälter umfüllen und bis zu 5 Tage im Kühlschrank lagern; bis zu 3 Monate einfrieren.*

Anleitung für den Slow Cooker: Für einen Slow Cooker mit 6 bis 8 Liter Fassungsvermögen verwenden Sie 1 Pfund Rinderknochen, 3 Karotten, 3 Stangen Sellerie, 1 gelbe Zwiebel und 1 Knoblauchknolle. 1 Tomate pürieren und auf die Knochen reiben. Wie angegeben rösten, dann die Knochen und das Gemüse in den Slow Cooker geben. Kratzen Sie alle karamellisierten Tomaten wie angegeben ab und geben Sie sie in den Slow Cooker. Fügen Sie so viel Wasser hinzu, dass es bedeckt ist. Abdecken und bei starker Hitze kochen, bis die Brühe etwa 4 Stunden kocht. Auf niedrige Hitze reduzieren; 12 bis 24 Stunden kochen lassen. Brühe abseihen; Knochen und Gemüse wegwerfen. Wie angegeben aufbewahren.

*Tipp: Um das Fett leicht von der Brühe abzuschöpfen, bewahren Sie die Brühe über Nacht in einem abgedeckten Behälter im Kühlschrank auf. Das Fett steigt nach oben und bildet eine feste Schicht, die sich leicht abkratzen lässt. Die Brühe kann nach dem Abkühlen eindicken.

MIT GEWÜRZEN EINGERIEBENE TUNESISCHE SCHWEINESCHULTER MIT WÜRZIGEN SÜßKARTOFFEL-POMMES

VORBEREITUNG: 25 Minuten Braten: 4 Stunden Backen: 30 Minuten ergibt: 4 Portionen

DIES IST EIN GROßARTIGES GERICHT ZUM ZUBEREITEN AN EINEM KÜHLEN HERBSTTAG. DAS FLEISCH RÖSTET STUNDENLANG IM OFEN, SODASS IHR HAUS WUNDERBAR DUFTET UND SIE ZEIT FÜR ANDERE DINGE HABEN. IM OFEN GEBACKENE SÜßKARTOFFEL-POMMES WERDEN NICHT SO KNUSPRIG WIE WEIßE KARTOFFELN, ABER SIE SIND AUF IHRE ART KÖSTLICH, BESONDERS WENN SIE IN KNOBLAUCHMAYONNAISE GETUNKT WERDEN.

SCHWEINEFLEISCH
- 1 2½ bis 3 Pfund schwerer Schweineschulterbraten mit Knochen
- 2 Teelöffel gemahlene Ancho-Chilischote
- 2 Teelöffel gemahlener Kreuzkümmel
- 1 Teelöffel Kümmel, leicht zerstoßen
- 1 Teelöffel gemahlener Koriander
- ½ Teelöffel gemahlener Kurkuma
- ¼ Teelöffel gemahlener Zimt
- 3 Esslöffel Olivenöl

FRITTEN
- 4 mittelgroße Süßkartoffeln (ca. 2 Pfund), geschält und in ½ Zoll dicke Spalten geschnitten
- ½ Teelöffel zerstoßener roter Pfeffer
- ½ Teelöffel Zwiebelpulver
- ½ Teelöffel Knoblauchpulver
- Olivenöl
- 1 Zwiebel, in dünne Scheiben geschnitten
- Paleo Aïoli (Knoblauch-Mayo) (siehe Rezept)

1. Backofen auf 300 °F vorheizen. Fett vom Fleisch entfernen. In einer kleinen Schüssel gemahlene Ancho-Chilischoten, gemahlenen Kreuzkümmel, Kümmel, Koriander, Kurkuma und Zimt vermischen. Fleisch mit Gewürzmischung bestreuen; Mit den Fingern gleichmäßig in das Fleisch einreiben.

2. In einem ofenfesten 5- bis 6-Liter-Schmortopf 1 Esslöffel Olivenöl bei mittlerer bis hoher Hitze erhitzen. Schweinefleisch in heißem Öl von allen Seiten anbraten. Abdecken und etwa 4 Stunden braten, bis das Fleisch sehr zart ist und das Fleischthermometer 190 °F anzeigt. Nehmen Sie den Dutch Oven aus dem Ofen. Zugedeckt stehen lassen, während Sie die Süßkartoffel-Pommes und die Zwiebeln zubereiten, dabei 1 Esslöffel Fett im Schmortopf aufbewahren.

3. Erhöhen Sie die Ofentemperatur auf 400 °F. Für die Süßkartoffel-Pommes in einer großen Schüssel Süßkartoffeln, die restlichen 2 Esslöffel Olivenöl, zerstoßene rote Paprika, Zwiebelpulver und Knoblauchpulver vermischen; Zum Überziehen werfen. Ein großes oder zwei kleine Backbleche mit Folie auslegen; Mit zusätzlichem Olivenöl bestreichen. Ordnen Sie die Süßkartoffeln in einer einzigen Schicht auf dem/den vorbereiteten Backblech(en) an. Etwa 30 Minuten backen oder bis sie weich sind, dabei die Süßkartoffeln nach der Hälfte der Backzeit einmal wenden.

4. In der Zwischenzeit das Fleisch aus dem Schmortopf nehmen; Zum Warmhalten mit Folie abdecken. Tropfen abtropfen lassen und 1 Esslöffel Fett auffangen. Geben Sie das zurückbehaltene Fett zurück in den Schmortopf. Zwiebel hinzufügen; Bei mittlerer Hitze etwa 5 Minuten kochen lassen oder bis es gerade weich ist, dabei gelegentlich umrühren.

5. Schweinefleisch und Zwiebeln auf eine Servierplatte geben. Das Schweinefleisch mit zwei Gabeln in große Stücke zerteilen. Servieren Sie Schweinefleisch und Pommes mit Paleo Aïoli.

KUBANISCHE GEGRILLTE SCHWEINESCHULTER

VORBEREITUNG:15 Minuten marinieren: 24 Stunden grillen: 2 Stunden 30 Minuten ruhen lassen: 10 Minuten ergibt: 6 bis 8 Portionen

IN SEINEM HERKUNFTSLAND ALS „LECHON ASADO" BEKANNT,DIESER SCHWEINEBRATEN WIRD IN EINER KOMBINATION AUS FRISCHEN ZITRUSSÄFTEN, GEWÜRZEN, ZERSTOßENEM ROTEM PFEFFER UND EINER GANZEN GEHACKTEN KNOBLAUCHKNOLLE MARINIERT. WENN MAN ES ÜBER HEIßEN KOHLEN KOCHT, NACHDEM MAN ES ÜBER NACHT IN DER MARINADE EINGEWEICHT HAT, ERHÄLT ES EINEN ERSTAUNLICHEN GESCHMACK.

1 Knoblauchknolle, Zehen abgetrennt, geschält und gehackt
1 Tasse grob gehackte Zwiebeln
1 Tasse Olivenöl
1⅓ Tassen frischer Limettensaft
⅔ Tasse frischer Orangensaft
1 Esslöffel gemahlener Kreuzkümmel
1 Esslöffel getrockneter Oregano, zerstoßen
2 Teelöffel frisch gemahlener schwarzer Pfeffer
1 Teelöffel zerstoßener roter Pfeffer
1 4 bis 5 Pfund schwerer Schweineschulterbraten ohne Knochen

1. Für die Marinade den Knoblauchkopf in Zehen trennen. Nelken schälen und fein hacken; In eine große Schüssel geben. Zwiebeln, Olivenöl, Limettensaft, Orangensaft, Kreuzkümmel, Oregano, schwarzen Pfeffer und zerstoßenen roten Pfeffer hinzufügen. Gut umrühren und beiseite stellen.

2. Mit einem Ausbeinmesser den Schweinebraten überall tief einstechen. Senken Sie den Braten vorsichtig in die Marinade und tauchen Sie ihn so weit wie möglich in die Flüssigkeit ein. Decken

Sie die Schüssel fest mit Plastikfolie ab. 24 Stunden im Kühlschrank marinieren, dabei einmal wenden.

3. Schweinefleisch aus der Marinade nehmen. Gießen Sie die Marinade in einen mittelgroßen Topf. Zum Kochen bringen; 5 Minuten kochen lassen. Vom Herd nehmen und abkühlen lassen. Beiseite legen.

4. Ordnen Sie bei einem Holzkohlegrill mittelheiße Kohlen um eine Fettpfanne an. Prüfen Sie, ob über der Pfanne mittlere Hitze herrscht. Legen Sie das Fleisch auf den Grillrost über der Fettpfanne. Abdecken und 2½ bis 3 Stunden grillen oder bis ein sofort ablesbares Thermometer in der Mitte des Bratens 140 °F anzeigt. (Bei einem Gasgrill heizen Sie den Grill vor. Reduzieren Sie die Hitze auf mittlere Stufe. Stellen Sie ihn auf indirektes Garen ein. Legen Sie das Fleisch auf den Grillrost über dem ausgeschalteten Brenner. Abdecken und grillen Sie wie angegeben.) Nehmen Sie das Fleisch vom Grill. Decken Sie es locker mit Folie ab und lassen Sie es 10 Minuten lang stehen, bevor Sie es anschneiden oder herausziehen.

ITALIENISCHER SCHWEINEBRATEN MIT GEWÜRZEN UND GEMÜSE

VORBEREITUNG: 20 Minuten Braten: 2 Stunden 25 Minuten Ruhezeit: 10 Minuten ergibt: 8 Portionen

„FRISCH IST AM BESTEN" IST EIN GUTES MANTRA WENN ES UMS KOCHEN GEHT, DIE MEISTE ZEIT ZU BEFOLGEN. GETROCKNETE KRÄUTER EIGNEN SICH JEDOCH SEHR GUT ZUM EINREIBEN VON FLEISCH. WENN KRÄUTER GETROCKNET WERDEN, KONZENTRIEREN SICH IHRE AROMEN. WENN SIE MIT DER FEUCHTIGKEIT DES FLEISCHES IN KONTAKT KOMMEN, GEBEN SIE IHRE AROMEN AN DAS FLEISCH AB, WIE BEI DIESEM BRATEN NACH ITALIENISCHER ART MIT PETERSILIE, FENCHEL, OREGANO, KNOBLAUCH UND WÜRZIGEM ZERSTOßENEM ROTEM PFEFFER.

2 Esslöffel getrocknete Petersilie, zerstoßen
2 Esslöffel Fenchelsamen, zerstoßen
4 Teelöffel getrockneter Oregano, zerstoßen
1 Teelöffel frisch gemahlener schwarzer Pfeffer
½ Teelöffel zerstoßener roter Pfeffer
4 Knoblauchzehen, gehackt
1 4 Pfund schwerer Schweineschulterbraten mit Knochen
1 bis 2 Esslöffel Olivenöl
1¼ Tassen Wasser
2 mittelgroße Zwiebeln, geschält und in Spalten geschnitten
1 große Fenchelknolle, geputzt, entkernt und in Spalten geschnitten
2 Pfund Rosenkohl

1. Den Ofen auf 325 °F vorheizen. In einer kleinen Schüssel Petersilie, Fenchelsamen, Oregano, schwarzen Pfeffer, zerstoßenen roten Pfeffer und Knoblauch vermengen. beiseite legen. Den Schweinebraten bei Bedarf lösen. Fett vom Fleisch entfernen. Das Fleisch von allen Seiten mit der Gewürzmischung einreiben. Falls

gewünscht, den Braten erneut zusammenbinden, um ihn zusammenzuhalten.

2. In einem Schmortopf Öl bei mittlerer bis hoher Hitze erhitzen. Fleisch im heißen Öl von allen Seiten anbraten. Fett abtropfen lassen. Gießen Sie das Wasser rund um den Braten in den Schmortopf. Ohne Deckel 1½ Stunden rösten. Zwiebeln und Fenchel rund um den Schweinebraten anrichten. Abdecken und weitere 30 Minuten rösten.

3. Schneiden Sie in der Zwischenzeit die Stängel des Rosenkohls ab und entfernen Sie alle welken äußeren Blätter. Den Rosenkohl halbieren. Geben Sie den Rosenkohl in den Schmortopf und verteilen Sie ihn über dem anderen Gemüse. Abdecken und weitere 30 bis 35 Minuten rösten, bis Gemüse und Fleisch zart sind. Fleisch auf eine Servierplatte geben und mit Folie abdecken. Vor dem Schneiden 15 Minuten ruhen lassen. Das Gemüse mit dem Bratensaft beträufeln, um es zu bedecken. Nehmen Sie das Gemüse mit einem Schaumlöffel auf die Servierplatte oder eine Schüssel. abdecken, um warm zu bleiben.

4. Mit einem großen Löffel Fett aus dem Bratensaft abschöpfen. Den restlichen Bratensaft durch ein Sieb gießen. Schweinefleisch in Scheiben schneiden, dabei den Knochen entfernen. Fleisch mit Gemüse und Bratensaft servieren.

SLOW COOKER SCHWEINEFLEISCHMAULWURF

VORBEREITUNG: 20 Minuten langsam kochen: 8 bis 10 Stunden (niedrig) oder 4 bis 5 Stunden (hoch) ergibt: 8 Portionen

MIT KREUZKÜMMEL, KORIANDER, OREGANO, TOMATEN, MANDELN, ROSINEN, CHILI UND SCHOKOLADE, DIESE REICHHALTIGE UND WÜRZIGE SOßE HAT ES IN SICH – UND ZWAR AUF EINE SEHR GUTE ART UND WEISE. ES IST EINE IDEALE MAHLZEIT, UM MORGENS ZU BEGINNEN, BEVOR SIE IN DEN TAG STARTEN. WENN SIE NACH HAUSE KOMMEN, IST DAS ABENDESSEN FAST FERTIG – UND IHR HAUS RIECHT HERRLICH.

1 3 Pfund schwerer Schweineschulterbraten ohne Knochen

1 Tasse grob gehackte Zwiebel

3 Knoblauchzehen, in Scheiben geschnitten

1½ Tassen Rinderknochenbrühe (siehe Rezept), Hühnerknochenbrühe (siehe Rezept) oder Rinder- oder Hühnerbrühe ohne Salzzusatz

1 Esslöffel gemahlener Kreuzkümmel

1 Esslöffel gemahlener Koriander

2 Teelöffel getrockneter Oregano, zerstoßen

1 15-Unzen-Dose gewürfelte Tomaten ohne Salzzusatz, abgetropft

1 6-Unzen-Dose ohne Salzzusatz Tomatenmark

½ Tasse Mandelblättchen, geröstet (siehe Tipp)

¼ Tasse ungeschwefelte goldene Rosinen oder Johannisbeeren

2 Unzen ungesüßte Schokolade (z. B. Scharffen Berger 99 % Kakaoriegel), grob gehackt

1 getrocknete ganze Ancho- oder Chipotle-Chilischote

2 4-Zoll-Zimtstangen

¼ Tasse geschnittener frischer Koriander

1 Avocado, geschält, entkernt und in dünne Scheiben geschnitten

1 Limette, in Spalten geschnitten

⅓ Tasse geröstete, ungesalzene grüne Kürbiskerne (optional) (siehe Tipp)

1. Fett vom Schweinebraten entfernen. Schneiden Sie das Fleisch bei Bedarf so zu, dass es in einen Slow Cooker mit 5 bis 6 Liter Fassungsvermögen passt. beiseite legen.

2. Im Slow Cooker Zwiebel und Knoblauch vermischen. In einem 2-Tassen-Glasmessbecher Rinderknochenbrühe, Kreuzkümmel, Koriander und Oregano verrühren; in den Herd gießen. Gewürfelte Tomaten, Tomatenmark, Mandeln, Rosinen, Schokolade, getrocknete Chilischote und Zimtstangen unterrühren. Fleisch in den Herd geben. Etwas von der Tomatenmischung darüber geben. Abdecken und bei niedriger Hitze 8 bis 10 Stunden oder bei hoher Hitze 4 bis 5 Stunden garen, oder bis das Schweinefleisch zart ist.

3. Schweinefleisch auf ein Schneidebrett legen; etwas abkühlen lassen. Das Fleisch mit zwei Gabeln in Stücke zerteilen. Fleisch mit Folie abdecken und beiseite stellen.

4. Entfernen und entsorgen Sie getrocknete Chilischoten und Zimtstangen. Mit einem großen Löffel Fett von der Tomatenmischung abschöpfen. Geben Sie die Tomatenmischung in einen Mixer oder eine Küchenmaschine. Abdecken und mixen oder verarbeiten, bis es fast glatt ist. Pulled Pork und Soße wieder in den Slow Cooker geben. Bis zum Servieren bei niedriger Hitze bis zu 2 Stunden warm halten.

5. Kurz vor dem Servieren Koriander unterrühren. Mole in Schüsseln servieren und mit Avocadoscheiben, Limettenspalten und, falls gewünscht, Kürbiskernen garnieren.

MIT KÜMMEL GEWÜRZTER SCHWEINEFLEISCH-KÜRBIS-EINTOPF

VORBEREITUNG:30 Minuten kochen: 1 Stunde ergibt: 4 Portionen

PFEFFERIGES SENFGRÜN UND BUTTERNUSSKÜRBIS FÜGEN SIE DIESEM MIT OSTEUROPÄISCHEN AROMEN GEWÜRZTEN EINTOPF LEBENDIGE FARBEN UND EINE GANZE REIHE VON VITAMINEN SOWIE BALLASTSTOFFEN UND FOLSÄURE HINZU.

- 1 1¼ bis 1½ Pfund Schweineschulterbraten
- 1 Esslöffel Paprika
- 1 Esslöffel Kümmel, fein zerstoßen
- 2 Teelöffel trockener Senf
- ¼ Teelöffel Cayennepfeffer
- 2 Esslöffel raffiniertes Kokosöl
- 8 Unzen frische Champignons, in dünne Scheiben geschnitten
- 2 Stangen Sellerie, quer in 2,5 cm dicke Scheiben geschnitten
- 1 kleine rote Zwiebel, in dünne Spalten geschnitten
- 6 Knoblauchzehen, gehackt
- 5 Tassen Hühnerknochenbrühe (siehe Rezept) oder Hühnerbrühe ohne Salzzusatz
- 2 Tassen gewürfelter, geschälter Butternusskürbis
- 3 Tassen grob gehacktes, geputztes Senfgrün oder Grünkohl
- 2 Esslöffel geschnittener frischer Salbei
- ¼ Tasse frischer Zitronensaft

1. Fett vom Schweinefleisch entfernen. Schweinefleisch in 1½-Zoll-Würfel schneiden; In eine große Schüssel geben. In einer kleinen Schüssel Paprika, Kümmel, trockenen Senf und Cayennepfeffer vermischen. Über das Schweinefleisch streuen und wenden, um es gleichmäßig zu bedecken.

2. In einem Schmortopf mit 4 bis 5 Liter Fassungsvermögen Kokosöl bei mittlerer Hitze erhitzen. Die Hälfte des Fleisches hinzufügen;

kochen, bis es braun ist, dabei gelegentlich umrühren. Fleisch aus der Pfanne nehmen. Mit dem restlichen Fleisch wiederholen. Fleisch beiseite stellen.

3. Pilze, Sellerie, rote Zwiebeln und Knoblauch in den Schmortopf geben. 5 Minuten kochen lassen, dabei gelegentlich umrühren. Geben Sie das Fleisch wieder in den Schmortopf. Fügen Sie vorsichtig Hühnerknochenbrühe hinzu. Zum Kochen bringen; Hitze reduzieren. Abdecken und 45 Minuten köcheln lassen. Kürbis unterrühren. Abdecken und weitere 10 bis 15 Minuten köcheln lassen, bis Schweinefleisch und Kürbis weich sind. Senfgrün und Salbei unterrühren. 2 bis 3 Minuten kochen lassen oder bis das Gemüse gerade zart ist. Zitronensaft einrühren.

MIT FRÜCHTEN GEFÜLLTER LENDENBRATEN MIT BRANDYSAUCE

VORBEREITUNG:30 Minuten kochen: 10 Minuten braten: 1 Stunde 15 Minuten stehen lassen: 15 Minuten ergibt: 8 bis 10 Portionen

DIESER ELEGANTE BRATEN IST PERFEKT FÜREIN BESONDERER ANLASS ODER EIN FAMILIENTREFFEN – BESONDERS IM HERBST. SEINE AROMEN – ÄPFEL, MUSKATNUSS, TROCKENFRÜCHTE UND PEKANNÜSSE – FANGEN DIE ESSENZ DIESER JAHRESZEIT EIN. SERVIEREN SIE ES MIT SÜßKARTOFFELPÜREE UND BLAUBEER- UND GERÖSTETEM RÜBENKOHLSALAT (SIEHE<u>REZEPT</u>).

BRATEN
- 1 Esslöffel Olivenöl
- 2 Tassen gehackte, geschälte Granny-Smith-Äpfel (ca. 2 mittelgroße)
- 1 Schalotte, fein gehackt
- 1 Esslöffel gehackter frischer Thymian
- ¾ Teelöffel frisch gemahlener schwarzer Pfeffer
- ⅛ Teelöffel gemahlene Muskatnuss
- ½ Tasse geschnittene ungeschwefelte getrocknete Aprikosen
- ¼ Tasse gehackte Pekannüsse, geröstet (siehe<u>Tipp</u>)
- 1 Tasse Hühnerknochenbrühe (siehe<u>Rezept</u>) oder Hühnerbrühe ohne Salzzusatz
- 1 3 Pfund Schweinefiletbraten ohne Knochen (einzelne Lende)

BRANDY-SAUCE
- 2 Esslöffel Apfelwein
- 2 Esslöffel Brandy
- 1 Teelöffel Dijon-Senf (siehe<u>Rezept</u>)
- Frisch gemahlener schwarzer Pfeffer

1. Für die Füllung Olivenöl in einer großen Pfanne bei mittlerer Hitze erhitzen. Äpfel, Schalotte, Thymian, ¼ Teelöffel Pfeffer und Muskatnuss hinzufügen; 2 bis 4 Minuten kochen lassen oder bis

Äpfel und Schalotten zart und hellgolden sind, dabei gelegentlich umrühren. Aprikosen, Pekannüsse und 1 Esslöffel Brühe einrühren. Ohne Deckel 1 Minute kochen, damit die Aprikosen weich werden. Vom Herd nehmen und beiseite stellen.

2. Den Ofen auf 325 °F vorheizen. Den Schweinebraten mit Schmetterlingen versehen, indem man die Mitte des Bratens der Länge nach einschneidet und dabei bis auf ½ Zoll an die andere Seite schneidet. Den Braten aufbreiten. Platzieren Sie das Messer im V-Schnitt, richten Sie es horizontal auf eine Seite des V und schneiden Sie bis auf einen Abstand von ½ Zoll zur Seite. Wiederholen Sie den Vorgang auf der anderen Seite des V. Breiten Sie den Braten aus und decken Sie ihn mit Plastikfolie ab. Schlagen Sie den Braten von der Mitte zu den Rändern hin mit einem Fleischhammer, bis er etwa ¾ Zoll dick ist. Entfernen Sie die Plastikfolie und entsorgen Sie sie. Die Füllung auf dem Braten verteilen. Den Braten von der kurzen Seite her zu einer Spirale aufrollen. Binden Sie den Braten an mehreren Stellen mit Küchengarn aus 100 % Baumwolle zusammen, um ihn zusammenzuhalten. Den Braten mit dem restlichen ½ Teelöffel Pfeffer bestreuen.

3. Legen Sie den Braten auf einen Rost in eine flache Bratpfanne. Stecken Sie ein Ofenthermometer in die Mitte des Bratens (nicht in die Füllung). Ohne Deckel 1 Stunde 15 Minuten bis 1 Stunde 30 Minuten rösten, oder bis das Thermometer 145 °F anzeigt. Den Braten herausnehmen und locker mit Folie abdecken; Vor dem Schneiden 15 Minuten ruhen lassen.

4. In der Zwischenzeit für die Brandy-Sauce die restliche Brühe und den Apfelwein zu den Tropfen in der Pfanne verrühren und verrühren, um gebräunte Stücke abzukratzen. Tropfen in einen

mittelgroßen Topf abseihen. Zum Kochen bringen; Etwa 4 Minuten kochen lassen oder bis die Sauce um ein Drittel reduziert ist. Brandy und Dijon-Senf unterrühren. Mit zusätzlichem Pfeffer abschmecken. Soße zum Schweinebraten servieren.

SCHWEINEBRATEN NACH PORCHETTA-ART

VORBEREITUNG: 15 Minuten marinieren: über Nacht stehen lassen: 40 Minuten rösten: 1 Stunde ergibt: 6 Portionen

TRADITIONELLE ITALIENISCHE PORCHETTA (IM AMERIKANISCHEN ENGLISCH MANCHMAL AUCH „PORKETTA" GESCHRIEBEN) IST EIN SPANFERKEL OHNE KNOCHEN, DAS MIT KNOBLAUCH, FENCHEL, PFEFFER UND KRÄUTERN WIE SALBEI ODER ROSMARIN GEFÜLLT, DANN AUF EINEN SPIEß GESTECKT UND ÜBER HOLZ GEBRATEN WIRD. ES IST NORMALERWEISE AUCH STARK GESALZEN. DIESE PALÄO-VERSION IST VEREINFACHT UND SEHR LECKER. ERSETZEN SIE DEN SALBEI NACH BELIEBEN DURCH FRISCHEN ROSMARIN ODER VERWENDEN SIE EINE MISCHUNG AUS DEN BEIDEN KRÄUTERN.

- 1 2 bis 3 Pfund schwerer Schweinelendenbraten ohne Knochen
- 2 Esslöffel Fenchelsamen
- 1 Teelöffel schwarze Pfefferkörner
- ½ Teelöffel zerstoßener roter Pfeffer
- 6 Knoblauchzehen, gehackt
- 1 Esslöffel fein geriebene Orangenschale
- 1 Esslöffel geschnittener frischer Salbei
- 3 Esslöffel Olivenöl
- ½ Tasse trockener Weißwein
- ½ Tasse Hühnerknochenbrühe (siehe Rezept) oder Hühnerbrühe ohne Salzzusatz

1. Schweinebraten aus dem Kühlschrank nehmen; 30 Minuten bei Zimmertemperatur stehen lassen. In der Zwischenzeit Fenchelsamen in einer kleinen Pfanne bei mittlerer Hitze unter häufigem Rühren etwa 3 Minuten rösten, bis sie eine dunkle Farbe haben und duften. Cool. In eine Gewürzmühle oder eine saubere Kaffeemühle geben. Pfefferkörner und zerstoßenen roten Pfeffer

hinzufügen. Auf mittelfeine Konsistenz mahlen. (Nicht zu Pulver mahlen.)

2. Den Ofen auf 325 °F vorheizen. In einer kleinen Schüssel gemahlene Gewürze, Knoblauch, Orangenschale, Salbei und Olivenöl zu einer Paste vermischen. Den Schweinebraten auf einem Rost in eine kleine Bratpfanne legen. Reiben Sie das gesamte Schweinefleisch mit der Mischung ein. (Falls gewünscht, legen Sie gewürztes Schweinefleisch in eine 9×13×2 Zoll große Backform aus Glas. Decken Sie es mit Plastikfolie ab und lassen Sie es über Nacht im Kühlschrank marinieren. Übertragen Sie das Fleisch vor dem Garen in einen Bräter und lassen Sie es vor dem Garen 30 Minuten lang bei Raumtemperatur stehen .)

3. Schweinefleisch 1 bis 1½ Stunden braten oder bis ein sofort ablesbares Thermometer in der Mitte des Bratens 145 °F anzeigt. Den Braten auf ein Schneidebrett legen und locker mit Folie abdecken. Vor dem Schneiden 10 bis 15 Minuten ruhen lassen.

4. In der Zwischenzeit den Bratensaft in einen Messbecher aus Glas gießen. Fett von oben abschöpfen; beiseite legen. Den Bräter auf den Herd stellen. Wein und Hühnerknochenbrühe in die Pfanne gießen. Bei mittlerer bis hoher Hitze zum Kochen bringen und dabei umrühren, um alle gebräunten Stücke abzukratzen. Etwa 4 Minuten kochen lassen oder bis die Mischung leicht reduziert ist. Beiseite gestellte Pfannensäfte einrühren; Beanspruchung. Schweinefleisch in Scheiben schneiden und mit Soße servieren.

MIT TOMATILLO GESCHMORTES SCHWEINELENDE

VORBEREITUNG: 40 Minuten Grillen: 10 Minuten Kochen: 20 Minuten
Braten: 40 Minuten Stehenlassen: 10 Minuten ergibt: 6 bis 8 Portionen

TOMATEN HABEN EINEN KLEBRIGEN, SAFTIGEN ÜBERZUG UNTER IHREN PAPIERHÄUTEN. NACHDEM SIE DIE HÄUTE ENTFERNT HABEN, SPÜLEN SIE SIE KURZ UNTER FLIEßENDEM WASSER AB UND SCHON SIND SIE GEBRAUCHSFERTIG.

- 1 Pfund Tomaten, geschält, entstielt und abgespült
- 4 Serrano-Chilis, entstielt, entkernt und halbiert (siehe Tipp)
- 2 Jalapeños, entstielt, entkernt und halbiert (siehe Tipp)
- 1 große gelbe Paprika, entstielt, entkernt und halbiert
- 1 große orangefarbene Paprika, entstielt, entkernt und halbiert
- 2 Esslöffel Olivenöl
- 1 2 bis 2½ Pfund schwerer Schweinelendenbraten ohne Knochen
- 1 große gelbe Zwiebel, geschält, halbiert und in dünne Scheiben geschnitten
- 4 Knoblauchzehen, gehackt
- ¾ Tasse Wasser
- ¼ Tasse frischer Limettensaft
- ¼ Tasse geschnittener frischer Koriander

1. Den Grill auf höchste Stufe vorheizen. Ein Backblech mit Folie auslegen. Tomatillos, Serrano-Chilis, Jalapeños und Gemüsepaprika auf dem vorbereiteten Backblech anrichten. Grillen Sie das Gemüse etwa 10 cm von der Hitze entfernt, bis es gut verkohlt ist. Wenden Sie dabei die Tomatillos gelegentlich und nehmen Sie das Gemüse heraus, wenn es verkohlt ist, etwa 10 bis 15 Minuten. Serranos, Jalapeños und Tomatillos in eine Schüssel geben. Paprika auf einen Teller legen. Gemüse zum Abkühlen beiseite stellen.

2. In einer großen Pfanne Öl bei mittlerer bis hoher Hitze erhitzen, bis es schimmert. Schweinebraten mit sauberen Papiertüchern trocken tupfen und in die Pfanne geben. Von allen Seiten gut gebräunt braten, dabei den Braten gleichmäßig bräunen lassen. Den Braten auf eine Platte geben. Hitze auf mittlere Stufe reduzieren. Zwiebel in die Pfanne geben; kochen und 5 bis 6 Minuten lang rühren, bis es goldbraun ist. Knoblauch hinzufügen; noch 1 Minute kochen lassen. Pfanne vom Herd nehmen.

3. Den Ofen auf 350 °F vorheizen. Für die Tomatillosauce Tomaten, Serranos und Jalapeños in einer Küchenmaschine oder einem Mixer vermischen. Abdecken und mixen oder verarbeiten, bis eine glatte Masse entsteht; Zur Zwiebel in der Pfanne geben. Bringen Sie die Pfanne wieder zum Erhitzen. Zum Kochen bringen; 4 bis 5 Minuten kochen lassen oder bis die Mischung dunkel und dick ist. Wasser, Limettensaft und Koriander einrühren.

4. Tomatillo-Sauce in einem flachen Bräter oder einer rechteckigen 3-Liter-Auflaufform verteilen. Schweinebraten in die Soße legen. Mit Folie fest abdecken. 40 bis 45 Minuten lang rösten oder bis ein sofort ablesbares Thermometer in der Mitte des Bratens 140 °F anzeigt.

5. Paprika in Streifen schneiden. In der Pfanne unter die Tomatillo-Sauce rühren. Zelt lose mit Folie; 10 Minuten stehen lassen. Fleisch in Scheiben schneiden; Soße umrühren. Servieren Sie Schweinefleischscheiben großzügig mit Tomatillo-Sauce garniert.

MIT APRIKOSEN GEFÜLLTES SCHWEINEFILET

VORBEREITUNG: 20 Minuten Rösten: 45 Minuten Stehenlassen: 5 Minuten ergibt: 2 bis 3 Portionen

2 mittelgroße frische Aprikosen, grob gehackt
2 Esslöffel ungeschwefelte Rosinen
2 Esslöffel gehackte Walnüsse
2 Teelöffel geriebener frischer Ingwer
¼ Teelöffel gemahlener Kardamom
1 12-Unzen-Schweinefilet
1 Esslöffel Olivenöl
1 Esslöffel Dijon-Senf (siehe Rezept)
¼ Teelöffel schwarzer Pfeffer

1. Den Ofen auf 375 °F vorheizen. Ein Backblech mit Folie auslegen; Legen Sie einen Bräter auf das Backblech.

2. In einer kleinen Schüssel Aprikosen, Rosinen, Walnüsse, Ingwer und Kardamom verrühren.

3. Schneiden Sie die Mitte des Schweinefleischs der Länge nach bis auf einen Abstand von ½ Zoll zur anderen Seite ein. Butterfly es öffnen. Legen Sie das Schweinefleisch zwischen zwei Schichten Plastikfolie. Mit der flachen Seite eines Fleischhammers das Fleisch leicht klopfen, bis es etwa einen Zentimeter dick ist. Falten Sie das hintere Ende ein, sodass ein gleichmäßiges Rechteck entsteht. Das Fleisch leicht zerstampfen, um eine gleichmäßige Dicke zu erreichen.

4. Die Aprikosenmischung auf dem Schweinefleisch verteilen. Beginnen Sie am schmalen Ende und rollen Sie das Schweinefleisch auf. Binden Sie es mit Küchengarn aus 100 % Baumwolle zusammen, zuerst in der Mitte, dann in Abständen von 2,5 cm. Braten auf den Rost legen.

5. Olivenöl und Dijon-Senf verrühren; Den Braten damit bestreichen. Braten mit Pfeffer bestreuen. 45 bis 55 Minuten lang rösten oder bis ein sofort ablesbares Thermometer, das in die Mitte des Bratens eingeführt wird, 140 °F anzeigt. Vor dem Schneiden 5 bis 10 Minuten ruhen lassen.

SCHWEINEFILET IN KRÄUTERKRUSTE MIT KNUSPRIGEM KNOBLAUCHÖL

VORBEREITUNG:15 Minuten braten: 30 Minuten kochen: 8 Minuten stehen lassen: 5 Minuten ergibt: 6 Portionen

- ⅓ Tasse Senf nach Dijon-Art (siehe Rezept)
- ¼ Tasse geschnittene frische Petersilie
- 2 Esslöffel gehackter frischer Thymian
- 1 Esslöffel gehackter frischer Rosmarin
- ½ Teelöffel schwarzer Pfeffer
- 2 12-Unzen-Schweinefilets
- ½ Tasse Olivenöl
- ¼ Tasse gehackter frischer Knoblauch
- ¼ bis 1 Teelöffel zerstoßener roter Pfeffer

1. Den Ofen auf 450 °F vorheizen. Ein Backblech mit Folie auslegen; Legen Sie einen Bräter auf das Backblech.

2. In einer kleinen Schüssel Senf, Petersilie, Thymian, Rosmarin und schwarzen Pfeffer zu einer Paste verrühren. Die Senf-Kräuter-Mischung oben und an den Seiten des Schweinefleischs verteilen. Übertragen Sie das Schweinefleisch auf den Bräter. Braten in den Ofen stellen; Reduzieren Sie die Temperatur auf 375°F. 30 bis 35 Minuten lang rösten oder bis ein sofort ablesbares Thermometer, das in die Mitte des Bratens eingeführt wird, 140 °F anzeigt. Vor dem Schneiden 5 bis 10 Minuten ruhen lassen.

3. In der Zwischenzeit für das Knoblauchöl Olivenöl und Knoblauch in einem kleinen Topf vermischen. Bei mittlerer bis niedriger Hitze 8 bis 10 Minuten kochen oder bis der Knoblauch goldbraun ist und knusprig wird (Knoblauch nicht anbrennen lassen). Vom Herd nehmen; Zerkleinerten roten Pfeffer unterrühren. Schweinefleisch in Scheiben schneiden; Vor dem Servieren Knoblauchöl über die Scheiben geben.

INDISCH GEWÜRZTES SCHWEINEFLEISCH MIT KOKOSNUSS-PFANNSAUCE

ANFANG BIS ENDE: 20 Minuten ergeben: 2 Portionen

3 Teelöffel Currypulver
2 Teelöffel salzfreies Garam Masala
1 Teelöffel gemahlener Kreuzkümmel
1 Teelöffel gemahlener Koriander
1 12-Unzen-Schweinefilet
1 Esslöffel Olivenöl
½ Tasse natürliche Kokosmilch (z. B. Marke Nature's Way)
¼ Tasse geschnittener frischer Koriander
2 Esslöffel gehackte frische Minze

1. In einer kleinen Schüssel 2 Teelöffel Currypulver, Garam Masala, Kreuzkümmel und Koriander verrühren. Schweinefleisch in ½ Zoll dicke Scheiben schneiden; mit Gewürzen bestreuen. .

2. In einer großen Pfanne Olivenöl bei mittlerer Hitze erhitzen. Schweinefleischscheiben in die Pfanne geben; 7 Minuten kochen lassen, dabei einmal wenden. Schweinefleisch aus der Pfanne nehmen; abdecken, um warm zu bleiben. Für die Soße Kokosmilch und den restlichen 1 Teelöffel Currypulver in die Pfanne geben und umrühren, um eventuelle Reste herauszukratzen. 2 bis 3 Minuten köcheln lassen. Koriander und Minze unterrühren. Schweinefleisch hinzufügen; kochen, bis es durchgeheizt ist, und die Soße über das Schweinefleisch löffeln.

SCHWEINE-SCALOPPINI MIT GEWÜRZTEN ÄPFELN UND KASTANIEN

VORBEREITUNG: 20 Minuten kochen: 15 Minuten ergeben: 4 Portionen

2 12-Unzen-Schweinefilets
1 Esslöffel Zwiebelpulver
1 Esslöffel Knoblauchpulver
½ Teelöffel schwarzer Pfeffer
2 bis 4 Esslöffel Olivenöl
2 Fuji- oder Pink Lady-Äpfel, geschält, entkernt und grob gehackt
¼ Tasse fein gehackte Schalotten
¾ Teelöffel gemahlener Zimt
⅛ Teelöffel gemahlene Nelken
⅛ Teelöffel gemahlene Muskatnuss
½ Tasse Hühnerknochenbrühe (siehe Rezept) oder Hühnerbrühe ohne Salzzusatz
2 Esslöffel frischer Zitronensaft
½ Tasse geschälte, geröstete Kastanien, gehackt* oder gehackte Pekannüsse
1 Esslöffel geschnittener frischer Salbei

1. Schneiden Sie die Filets schräg in ½ Zoll dicke Scheiben. Legen Sie Schweinefleischscheiben zwischen zwei Lagen Plastikfolie. Mit der flachen Seite eines Fleischhammers dünn klopfen. Die Scheiben mit Zwiebelpulver, Knoblauchpulver und schwarzem Pfeffer bestreuen.

2. In einer großen Pfanne 2 Esslöffel Olivenöl bei mittlerer Hitze erhitzen. Schweinefleisch portionsweise 3 bis 4 Minuten garen, dabei einmal wenden und bei Bedarf Öl hinzufügen. Schweinefleisch auf einen Teller geben; abdecken und warm halten.

3. Erhöhen Sie die Hitze auf mittelhoch. Äpfel, Schalotten, Zimt, Nelken und Muskatnuss hinzufügen. 3 Minuten kochen und umrühren.

Hühnerknochenbrühe und Zitronensaft einrühren. Abdecken und 5 Minuten kochen lassen. Vom Herd nehmen; Kastanien und Salbei unterrühren. Apfelmischung über Schweinefleisch servieren.

*Hinweis: Um Kastanien zu rösten, heizen Sie den Ofen auf 400 °F vor. Schneiden Sie ein X in eine Seite der Kastanienschale. Dadurch löst sich die Schale beim Kochen. Legen Sie die Kastanien auf eine Backform und rösten Sie sie 30 Minuten lang oder bis sich die Schale von der Nuss löst und die Nüsse weich sind. Wickeln Sie die gerösteten Kastanien in ein sauberes Küchentuch. Schalen und Haut von der gelb-weißen Nuss schälen.

SCHWEINEFLEISCH-FAJITA-PFANNE

VORBEREITUNG: 20 Minuten kochen: 22 Minuten ergeben: 4 Portionen

1 Pfund Schweinefilet, in 2-Zoll-Streifen geschnitten
3 Esslöffel salzfreies Fajita-Gewürz oder mexikanisches Gewürz (siehe Rezept)
2 Esslöffel Olivenöl
1 kleine Zwiebel, in dünne Scheiben geschnitten
½ einer roten Paprika, entkernt und in dünne Scheiben geschnitten
½ einer orangefarbenen Paprika, entkernt und in dünne Scheiben geschnitten
1 Jalapeño, entstielt und in dünne Scheiben geschnitten (siehe Tipp) (Optional)
½ Teelöffel Kreuzkümmelsamen
1 Tasse dünn geschnittene frische Champignons
3 Esslöffel frischer Limettensaft
½ Tasse geschnittener frischer Koriander
1 Avocado, entkernt, geschält und gewürfelt
Gewünschte Salsa (siehe Rezepte)

1. Das Schweinefleisch mit 2 Esslöffeln Fajita-Gewürz bestreuen. In einer extragroßen Pfanne 1 Esslöffel Öl bei mittlerer bis hoher Hitze erhitzen. Fügen Sie die Hälfte des Schweinefleischs hinzu; kochen und etwa 5 Minuten rühren, bis die Masse nicht mehr rosa ist. Fleisch in eine Schüssel geben und abdecken, damit es warm bleibt. Mit restlichem Öl und Schweinefleisch wiederholen.

2. Stellen Sie die Hitze auf mittel. Den restlichen 1 Esslöffel Fajita-Gewürz, Zwiebel, Paprika, Jalapeño und Kreuzkümmel hinzufügen. Etwa 10 Minuten kochen und umrühren, bis das Gemüse weich ist. Geben Sie das gesamte Fleisch und den angesammelten Bratensaft wieder in die Pfanne. Pilze und Limettensaft unterrühren. Kochen, bis es durchgeheizt ist. Nehmen Sie die Pfanne vom Herd.

Koriander unterrühren. Mit Avocado und gewünschter Salsa servieren.

SCHWEINEFILET MIT PORTWEIN UND PFLAUMEN

VORBEREITUNG: 10 Minuten braten: 12 Minuten stehen lassen: 5 Minuten ergeben: 4 Portionen

PORTWEIN IST EIN LIKÖRWEIN, DAS BEDEUTET, DASS IHM EIN BRANDY-ÄHNLICHER ALKOHOL ZUGESETZT WIRD, UM DEN GÄRUNGSPROZESS ZU STOPPEN. DADURCH ENTHÄLT ER MEHR RESTZUCKER ALS ROTER TAFELWEIN UND SCHMECKT DAHER SÜßER. ES IST NICHT ETWAS, DAS MAN JEDEN TAG TRINKEN MÖCHTE, ABER AB UND ZU ETWAS DAVON ZUM KOCHEN ZU VERWENDEN, IST IN ORDNUNG.

2 12-Unzen-Schweinefilets
2½ Teelöffel gemahlener Koriander
¼ Teelöffel schwarzer Pfeffer
2 Esslöffel Olivenöl
1 Schalotte, in Scheiben geschnitten
½ Tasse Portwein
½ Tasse Hühnerknochenbrühe (siehe Rezept) oder Hühnerbrühe ohne Salzzusatz
20 entkernte ungeschwefelte Trockenpflaumen (Pflaumen)
½ Teelöffel zerstoßener roter Pfeffer
2 Teelöffel geschnittener frischer Estragon

1. Ofen auf 400 °F vorheizen. Das Schweinefleisch mit 2 Teelöffeln Koriander und schwarzem Pfeffer bestreuen.

2. In einer großen ofenfesten Pfanne Olivenöl bei mittlerer bis hoher Hitze erhitzen. Filets in die Pfanne geben. Etwa 8 Minuten lang braten, bis es auf allen Seiten gleichmäßig gebräunt ist. Stellen Sie die Pfanne in den Ofen. Unbedeckt ca. 12 Minuten braten oder bis ein sofort ablesbares Thermometer in der Mitte des Bratens 140 °F anzeigt. Übertragen Sie die Filets auf ein Schneidebrett. Locker mit Alufolie abdecken und 5 Minuten ruhen lassen.

3. In der Zwischenzeit für die Soße das Fett aus der Pfanne abtropfen lassen und 1 Esslöffel aufheben. Schalotten in den restlichen Bratenfetten in der Pfanne bei mittlerer Hitze etwa 3 Minuten kochen, bis sie braun und zart sind. Portwein in die Pfanne geben. Zum Kochen bringen und dabei umrühren, um alle gebräunten Stücke abzukratzen. Fügen Sie Hühnerknochenbrühe, getrocknete Pflaumen, zerstoßene rote Paprika und den restlichen ½ Teelöffel Koriander hinzu. Bei mittlerer Hitze leicht reduzieren lassen, etwa 1 bis 2 Minuten. Estragon unterrühren.

4. Schweinefleisch in Scheiben schneiden und mit Pflaumen und Soße servieren.

SCHWEINEFLEISCH NACH MOO-SHU-ART IN SALATBECHERN MIT SCHNELL EINGELEGTEM GEMÜSE

ANFANG BIS ENDE: 45 Minuten ergeben: 4 Portionen

WENN SIE EIN TRADITIONELLES MU-SHU-GERICHT GEGESSEN HABEN IN EINEM CHINESISCHEN RESTAURANT WISSEN SIE, DASS ES SICH UM EINE HERZHAFTE FLEISCH- UND GEMÜSEFÜLLUNG HANDELT, DIE IN DÜNNEN PFANNKUCHEN MIT SÜßER PFLAUMEN- ODER HOISINSAUCE GEGESSEN WIRD. DIESE LEICHTERE UND FRISCHERE PALÄO-VERSION BESTEHT AUS SCHWEINEFLEISCH, CHINAKOHL UND SHIITAKE-PILZEN, DIE IN INGWER UND KNOBLAUCH GEBRATEN UND IN SALAT-WRAPS MIT KNACKIG EINGELEGTEM GEMÜSE GENOSSEN WERDEN.

EINGELEGTES GEMÜSE
- 1 Tasse in Julienne geschnittene Karotten
- 1 Tasse Daikon-Rettich im Julienne-Schnitt
- ¼ Tasse geschnittene rote Zwiebel
- 1 Tasse ungesüßter Apfelsaft
- ½ Tasse Apfelessig

SCHWEINEFLEISCH
- 2 Esslöffel Olivenöl oder raffiniertes Kokosöl
- 3 Eier, leicht geschlagen
- 8 Unzen Schweinelende, in 2 x ½ Zoll große Streifen geschnitten
- 2 Teelöffel gehackter frischer Ingwer
- 4 Knoblauchzehen, gehackt
- 2 Tassen dünn geschnittener Chinakohl
- 1 Tasse dünn geschnittene Shiitake-Pilze
- ¼ Tasse dünn geschnittene Frühlingszwiebeln
- 8 Boston-Salatblätter

1. Für schnell eingelegtes Gemüse die Karotten, Daikon und Zwiebeln in einer großen Schüssel vermengen. Für die Salzlake Apfelsaft und Essig in einem Topf erhitzen, bis Dampf aufsteigt. Gießen Sie die Salzlake über das Gemüse in der Schüssel. abdecken und bis zum Servieren kalt stellen.

2. In einer großen Pfanne 1 Esslöffel Öl bei mittlerer bis hoher Hitze erhitzen. Mit einem Schneebesen die Eier leicht schlagen. Eier in die Pfanne geben; ohne Rühren ca. 3 Minuten kochen, bis der Boden fest ist. Drehen Sie das Ei vorsichtig mit einem flexiblen Spatel um und kochen Sie es auf der anderen Seite. Schieben Sie das Ei aus der Pfanne auf eine Platte.

3. Bringen Sie die Pfanne wieder zum Erhitzen; Den restlichen 1 Esslöffel Öl hinzufügen. Schweinestreifen, Ingwer und Knoblauch hinzufügen. Bei mittlerer bis hoher Hitze etwa 4 Minuten kochen und rühren, bis das Schweinefleisch nicht mehr rosa ist. Kohl und Pilze dazugeben; kochen und etwa 4 Minuten lang umrühren, bis der Kohl zusammenfällt, die Pilze weich werden und das Schweinefleisch gar ist. Pfanne vom Herd nehmen. Das gekochte Ei in Streifen schneiden. Eierstreifen und Frühlingszwiebeln vorsichtig unter die Schweinefleischmischung rühren. In Salatblättern servieren und mit eingelegtem Gemüse belegen.

SCHWEINEKOTELETTS MIT MACADAMIAS, SALBEI, FEIGEN UND SÜßKARTOFFELPÜREE

VORBEREITUNG:15 Minuten kochen: 25 Minuten ergeben: 4 Portionen

DAZU PASST SÜßKARTOFFELPÜREE,DIESE SAFTIGEN, MIT SALBEI BESTREUTEN KOTELETTS SIND EIN PERFEKTES HERBSTGERICHT – UND EINES, DAS SCHNELL ZUBEREITET IST UND SOMIT PERFEKT FÜR EINEN ARBEITSREICHEN ABEND UNTER DER WOCHE GEEIGNET IST.

4 Schweinekoteletts ohne Knochen, 3,5 cm dick geschnitten
3 Esslöffel geschnittener frischer Salbei
¼ Teelöffel schwarzer Pfeffer
3 Esslöffel Macadamianussöl
2 Pfund Süßkartoffeln, geschält und in 1-Zoll-Stücke geschnitten
¾ Tasse gehackte Macadamianüsse
½ Tasse gehackte getrocknete Feigen
⅓ Tasse Rinderknochenbrühe (sieheRezept) oder Rinderbrühe ohne Salzzusatz
1 Esslöffel frischer Zitronensaft

1. Beide Seiten der Schweinekoteletts mit 2 Esslöffeln Salbei und Pfeffer bestreuen; mit den Fingern verreiben. In einer großen Pfanne 2 Esslöffel Öl bei mittlerer Hitze erhitzen. Koteletts in die Pfanne geben; 15 bis 20 Minuten kochen lassen oder bis es fertig ist (60 °C), dabei nach der Hälfte der Garzeit einmal wenden. Koteletts auf einen Teller geben; abdecken, um warm zu bleiben.

2. In der Zwischenzeit in einem großen Topf Süßkartoffeln und so viel Wasser vermischen, dass die Flüssigkeit bedeckt ist. Zum Kochen bringen; Hitze reduzieren. Abdecken und 10 bis 15 Minuten köcheln lassen, bis die Kartoffeln weich sind. Kartoffeln abgießen.

Den restlichen Esslöffel Macadamiaöl zu den Kartoffeln geben und cremig pürieren; warm halten.

3. Für die Soße Macadamianüsse in die Pfanne geben; bei mittlerer Hitze kochen, bis es geröstet ist. Getrocknete Feigen und den restlichen 1 Esslöffel Salbei hinzufügen; 30 Sekunden kochen lassen. Geben Sie Rinderknochenbrühe und Zitronensaft in die Pfanne und rühren Sie um, um alle gebräunten Stücke herauszukratzen. Die Sauce über die Schweinekoteletts geben und mit Süßkartoffelpüree servieren.

IN DER PFANNE GERÖSTETE ROSMARIN-LAVENDEL-SCHWEINEKOTELETTS MIT TRAUBEN UND GERÖSTETEN WALNÜSSEN

VORBEREITUNG:10 Minuten kochen: 6 Minuten braten: 25 Minuten ergibt: 4 Portionen

DIE WEINTRAUBEN ZUSAMMEN MIT DEN SCHWEINEKOTELETTS RÖSTENINTENSIVIERT IHREN GESCHMACK UND IHRE SÜßE. ZUSAMMEN MIT DEN KNACKIG GERÖSTETEN WALNÜSSEN UND EINER PRISE FRISCHEM ROSMARIN ERGEBEN SIE EINE WUNDERBARE GARNIERUNG FÜR DIESE HERZHAFTEN KOTELETTS.

2 Esslöffel gehackter frischer Rosmarin
1 Esslöffel geschnittener frischer Lavendel
½ Teelöffel Knoblauchpulver
½ Teelöffel schwarzer Pfeffer
4 Schweinelendekoteletts, 1¼ Zoll dick geschnitten (ca. 3 Pfund)
1 Esslöffel Olivenöl
1 große Schalotte, in dünne Scheiben geschnitten
1½ Tassen rote und/oder grüne kernlose Weintrauben
½ Tasse trockener Weißwein
¾ Tasse grob gehackte Walnüsse
Geschnittener frischer Rosmarin

1. Den Ofen auf 375 °F vorheizen. In einer kleinen Schüssel 2 Esslöffel Rosmarin, Lavendel, Knoblauchpulver und Pfeffer vermischen. Die Schweinekoteletts gleichmäßig mit der Kräutermischung einreiben. In einer extragroßen ofenfesten Pfanne Olivenöl bei mittlerer Hitze erhitzen. Koteletts in die Pfanne geben; 6 bis 8 Minuten kochen lassen oder bis es auf beiden Seiten gebräunt ist. Koteletts auf einen Teller geben; mit Folie abdecken.

2. Die Schalotte in die Pfanne geben. Bei mittlerer Hitze 1 Minute kochen und rühren. Weintrauben und Wein hinzufügen. Weitere etwa 2 Minuten kochen lassen, dabei umrühren, um alle gebräunten Stücke abzukratzen. Schweinekoteletts wieder in die Pfanne geben. Stellen Sie die Pfanne in den Ofen. 25 bis 30 Minuten lang rösten oder bis die Koteletts fertig sind (145 °F).

3. In der Zwischenzeit die Walnüsse in einer flachen Backform verteilen. Zusammen mit den Koteletts in den Ofen geben. Etwa 8 Minuten rösten oder bis es geröstet ist, dabei einmal umrühren, um eine gleichmäßige Röstung zu erreichen.

4. Zum Servieren die Schweinekoteletts mit Weintrauben und gerösteten Walnüssen belegen. Mit zusätzlichem frischem Rosmarin bestreuen.

SCHWEINEKOTELETTS ALLA FIORENTINA MIT GEGRILLTEM BROCCOLI RABE

VORBEREITUNG:20 Minuten Grillen: 20 Minuten Marinieren: 3 Minuten ergibt: 4 PortionenFOTO

„ALLA FIORENTINA"BEDEUTET IM WESENTLICHEN „IM STIL VON FLORENZ". DIESES REZEPT IST NACH BISTECCA ALLA FIORENTINA GESTALTET, EINEM TOSKANISCHEN T-BONE, DER ÜBER EINEM HOLZFEUER MIT DEN EINFACHSTEN AROMEN GEGRILLT WIRD – NORMALERWEISE NUR OLIVENÖL, SALZ, SCHWARZER PFEFFER UND ZUM ABSCHLUSS EIN SPRITZER FRISCHER ZITRONE.

1 Pfund Broccoli Rabe
1 Esslöffel Olivenöl
4 6 bis 8 Unzen schwere Schweinelendenkoteletts mit Knochen, 1½ bis 2 Zoll dick geschnitten
Grob gemahlener schwarzer Pfeffer
1 Zitrone
4 Knoblauchzehen, in dünne Scheiben geschnitten
2 Esslöffel gehackter frischer Rosmarin
6 frische Salbeiblätter, gehackt
1 Teelöffel zerstoßene rote Paprikaflocken (oder nach Geschmack)
½ Tasse Olivenöl

1. In einem großen Topf den Broccoli Rabe in kochendem Wasser 1 Minute lang blanchieren. Sofort in eine Schüssel mit Eiswasser geben. Wenn der Broccoli Rabe abgekühlt ist, lassen Sie ihn auf einem mit Papiertüchern ausgelegten Backblech abtropfen und tupfen Sie ihn mit weiteren Papiertüchern so trocken wie möglich. Entfernen Sie die Papiertücher vom Backblech. Den Broccoli Rabe mit 1 Esslöffel Olivenöl beträufeln und wenden, bis er bedeckt ist. Bis zum Grillen beiseite stellen.

2. Beide Seiten der Schweinekoteletts mit grob gemahlenem Pfeffer bestreuen; beiseite legen. Entfernen Sie mit einem Gemüseschäler Streifen von der Schale der Zitrone (bewahren Sie die Zitrone für eine andere Verwendung auf). Zitronenschalenstreifen, geschnittenen Knoblauch, Rosmarin, Salbei und zerstoßene rote Paprika auf einer großen Servierplatte verteilen; beiseite legen.

3. Bewegen Sie bei einem Holzkohlegrill die meisten heißen Kohlen auf eine Seite des Grills und lassen Sie einige Kohlen unter der anderen Seite des Grills. Die Koteletts direkt über den heißen Kohlen 2 bis 3 Minuten anbraten, bis sich eine braune Kruste bildet. Die Koteletts umdrehen und auf der zweiten Seite weitere 2 Minuten anbraten. Legen Sie die Koteletts auf die andere Seite des Grills. Abdecken und 10 bis 15 Minuten grillen oder bis es fertig ist (145 °F). (Bei einem Gasgrill heizen Sie den Grill vor; reduzieren Sie die Hitze auf einer Seite des Grills auf mittlere Stufe. Braten Sie die Koteletts wie oben beschrieben bei starker Hitze an. Gehen Sie auf die mittlere Seite des Grills und fahren Sie wie oben beschrieben fort.)

4. Übertragen Sie die Koteletts auf die Platte. Die Koteletts mit ½ Tasse Olivenöl beträufeln und wenden, damit beide Seiten bedeckt sind. Lassen Sie die Koteletts vor dem Servieren 3 bis 5 Minuten lang marinieren und wenden Sie dabei ein- oder zweimal, um dem Fleisch die Aromen von Zitronenschale, Knoblauch und Kräutern zu verleihen.

5. Während die Koteletts ruhen, grillen Sie den Broccoli Rabe, damit er leicht verkohlt und durchgewärmt wird. Broccoli Rabe mit den Schweinekoteletts auf der Platte anrichten; Vor dem Servieren etwas von der Marinade über jedes Kotelett und jeden Broccoli Rabe geben.

MIT ESCAROLE GEFÜLLTE SCHWEINEKOTELETTS

VORBEREITUNG: 20 Minuten kochen: 9 Minuten ergeben: 4 Portionen

ESKARIOL KANN ALS GRÜNER SALAT GEGESSEN WERDEN ODER ALS SCHNELLE BEILAGE LEICHT MIT KNOBLAUCH IN OLIVENÖL ANGEBRATEN. HIER ERGIBT ES IN KOMBINATION MIT OLIVENÖL, KNOBLAUCH, SCHWARZEM PFEFFER, ZERKLEINERTEM ROTEM PFEFFER UND ZITRONE EINE WUNDERSCHÖNE HELLGRÜNE FÜLLUNG FÜR SAFTIGE, IN DER PFANNE ANGEBRATENE SCHWEINEKOTELETTS.

4 6 bis 8 Unzen schwere Schweinekoteletts mit Knochen, ¾ Zoll dick geschnitten
½ einer mittelgroßen Eskariole, fein gehackt
4 Esslöffel Olivenöl
1 Esslöffel frischer Zitronensaft
¼ Teelöffel schwarzer Pfeffer
¼ Teelöffel zerstoßener roter Pfeffer
2 große Knoblauchzehen, gehackt
Olivenöl
1 Esslöffel geschnittener frischer Salbei
¼ Teelöffel schwarzer Pfeffer
⅓ Tasse trockener Weißwein

1. Schneiden Sie mit einem Schälmesser eine tiefe, etwa 5 cm breite Tasche in die gebogene Seite jedes Schweinekoteletts. beiseite legen.

2. In einer großen Schüssel Eskariol, 2 Esslöffel Olivenöl, Zitronensaft, ¼ Teelöffel schwarzen Pfeffer, zerstoßenen roten Pfeffer und Knoblauch vermischen. Jedes Kotelett mit einem Viertel der Mischung füllen. Koteletts mit Olivenöl bestreichen. Mit Salbei und ¼ Teelöffel gemahlenem schwarzem Pfeffer bestreuen.

3. In einer extragroßen Pfanne die restlichen 2 Esslöffel Olivenöl bei mittlerer bis hoher Hitze erhitzen. Schweinefleisch darin von jeder Seite 4 Minuten goldbraun anbraten. Koteletts auf einen Teller geben. Geben Sie Wein in die Pfanne und kratzen Sie alle gebräunten Stücke heraus. Bratensaft 1 Minute lang einkochen lassen.

4. Die Koteletts vor dem Servieren mit Bratensaft beträufeln.

SCHWEINEKOTELETTS MIT DIJON-PEKANNUSS-KRUSTE

VORBEREITUNG:15 Minuten kochen: 6 Minuten backen: 3 Minuten ergibt: 4 PortionenFOTO

DIESE KOTELETTS MIT SENF- UND NUSSKRUSTEDIE ZUBEREITUNG KÖNNTE NICHT EINFACHER SEIN – UND DER GESCHMACK ÜBERTRIFFT DEN AUFWAND BEI WEITEM. PROBIEREN SIE SIE MIT IN ZIMT GERÖSTETEM BUTTERNUSSKÜRBIS (SIEHEREZEPT), NEOKLASSISCHER WALDORFSALAT (SIEHEREZEPT) ODER ROSENKOHL UND APFELSALAT (SIEHEREZEPT).

⅓ Tasse fein gehackte Pekannüsse, geröstet (sieheTipp)
1 Esslöffel geschnittener frischer Salbei
3 Esslöffel Olivenöl
4 Schweinekoteletts mit Knochen, in der Mitte geschnitten, etwa 2,5 cm dick (insgesamt etwa 2 Pfund)
½ Teelöffel schwarzer Pfeffer
2 Esslöffel Olivenöl
3 Esslöffel Dijon-Senf (sieheRezept)

1. Ofen auf 400 °F vorheizen. In einer kleinen Schüssel Pekannüsse, Salbei und 1 Esslöffel Olivenöl vermischen.

2. Schweinekoteletts mit Pfeffer bestreuen. In einer großen ofenfesten Pfanne die restlichen 2 Esslöffel Olivenöl bei starker Hitze erhitzen. Koteletts hinzufügen; etwa 6 Minuten kochen lassen oder bis sie auf beiden Seiten gebräunt sind, dabei einmal wenden. Pfanne vom Herd nehmen. Verteilen Sie Dijon-Senf auf den Koteletts. Mit der Pekannussmischung bestreuen und leicht in den Senf drücken.

3. Stellen Sie die Pfanne in den Ofen. 3 bis 4 Minuten backen oder bis die Koteletts fertig sind (145 °F).

SCHWEINEFLEISCH IN WALNUSSKRUSTE MIT BROMBEER-SPINAT-SALAT

VORBEREITUNG: 30 Minuten kochen: 4 Minuten ergeben: 4 Portionen

SCHWEINEFLEISCH HAT EINEN NATÜRLICH SÜßEN GESCHMACKDAS PASST GUT ZU OBST. OBWOHL DIE ÜBLICHEN VERDÄCHTIGEN HERBSTFRÜCHTE WIE ÄPFEL UND BIRNEN ODER STEINOBST WIE PFIRSICHE, PFLAUMEN UND APRIKOSEN SIND, SCHMECKT SCHWEINEFLEISCH AUCH KÖSTLICH MIT BROMBEEREN, DIE EINEN SÜß-SÄUERLICHEN, WEINARTIGEN GESCHMACK HABEN.

1⅔ Tassen Brombeeren
1 Esslöffel plus 1½ Teelöffel Wasser
3 Esslöffel Walnussöl
1 Esslöffel plus 1½ Teelöffel Weißweinessig
2 Eier
¾ Tasse Mandelmehl
⅓ Tasse fein gehackte Walnüsse
1 Esslöffel plus 1½ Teelöffel mediterranes Gewürz (siehe Rezept)
4 Schweinekoteletts oder Schweinekoteletts ohne Knochen (insgesamt 1 bis 1½ Pfund)
6 Tassen frische Babyspinatblätter
½ Tasse zerrissene frische Basilikumblätter
½ Tasse geschnittene rote Zwiebel
½ Tasse gehackte Walnüsse, geröstet (siehe Tipp)
¼ Tasse raffiniertes Kokosöl

1. Für die Brombeervinaigrette 1 Tasse Brombeeren und Wasser in einem kleinen Topf vermischen. Zum Kochen bringen; Hitze reduzieren. Unter gelegentlichem Rühren zugedeckt 4 bis 5 Minuten köcheln lassen oder so lange, bis die Beeren weich sind und eine leuchtend kastanienbraune Farbe annehmen. Vom Herd nehmen; etwas abkühlen lassen. Die nicht abgetropften Brombeeren in einen Mixer oder eine Küchenmaschine geben;

abdecken und mixen oder verarbeiten, bis eine glatte Masse entsteht. Pressen Sie die pürierten Beeren mit der Rückseite eines Löffels durch ein feinmaschiges Sieb. Samen und Feststoffe entsorgen. In einer mittelgroßen Schüssel passierte Beeren, Walnussöl und Essig verquirlen; beiseite legen.

2. Ein großes Backblech mit Backpapier auslegen; beiseite legen. In einer flachen Schüssel die Eier mit einer Gabel leicht schlagen. In einer anderen flachen Schüssel Mandelmehl, die ⅓ Tasse fein gehackte Walnüsse und mediterrane Gewürze vermischen. Tauchen Sie die Schweinekoteletts einzeln in die Eier und dann in die Walnussmischung und wenden Sie sie, bis sie gleichmäßig bedeckt sind. Die panierten Schweinekoteletts auf ein vorbereitetes Backblech legen; beiseite legen.

3. In einer großen Schüssel Spinat und Basilikum vermischen. Verteilen Sie das Gemüse auf vier Servierteller und ordnen Sie es entlang einer Seite der Teller an. Mit der restlichen ⅔ Tasse Beeren, der roten Zwiebel und der ½ Tasse gerösteten Walnüssen belegen. Mit Brombeervinaigrette beträufeln.

4. In einer extragroßen Pfanne Kokosöl bei mittlerer bis hoher Hitze erhitzen. Schweinekoteletts in die Pfanne geben; Etwa 4 Minuten kochen lassen oder bis es fertig ist (145 °F), dabei einmal wenden. Schweinekoteletts mit Salat auf Teller verteilen.

SCHWEINESCHNITZEL MIT SÜß-SAUREM ROTKOHL

VORBEREITUNG: 20 Minuten kochen: 45 Minuten ergeben: 4 Portionen

IM „PALEO-PRINZIPIEN"ABSCHNITT DIESES BUCHES, MANDELMEHL (AUCH MANDELMEHL GENANNT) WIRD ALS NICHT-PALÄO-ZUTAT AUFGEFÜHRT – NICHT WEIL MANDELMEHL VON NATUR AUS SCHLECHT IST, SONDERN WEIL ES HÄUFIG ZUR HERSTELLUNG VON ANALOGA ZU WEIZENMEHL-BROWNIES, KUCHEN, KEKSEN USW. VERWENDET WIRD, WAS NICHT DER FALL SEIN SOLLTE SEIEN SIE EIN REGELMÄßIGER BESTANDTEIL EINER REAL PALEO DIET®. IN MAßEN ALS ÜBERZUG FÜR EINE DÜNNE JAKOBSMUSCHEL VON GEBRATENEM SCHWEINE- ODER GEFLÜGELFLEISCH, WIE ES HIER DER FALL IST, IST KEIN PROBLEM.

KOHL
- 2 Esslöffel Olivenöl
- 1 Tasse gehackte rote Zwiebel
- 6 Tassen dünn geschnittener Rotkohl (ungefähr ½ Kopf)
- 2 Granny-Smith-Äpfel, geschält, entkernt und gewürfelt
- ¾ Tasse frischer Orangensaft
- 3 Esslöffel Apfelessig
- ½ Teelöffel Kümmel
- ½ Teelöffel Selleriesamen
- ½ Teelöffel schwarzer Pfeffer

SCHWEINEFLEISCH
- 4 Schweinelendekoteletts ohne Knochen, ½ Zoll dick geschnitten
- 2 Tassen Mandelmehl
- 1 Esslöffel getrocknete Zitronenschale
- 2 Teelöffel schwarzer Pfeffer
- ¾ Teelöffel gemahlener Piment
- 1 großes Ei
- ¼ Tasse Mandelmilch

3 Esslöffel Olivenöl
Zitronenscheiben

1. Für süß-sauren Kohl das Olivenöl in einem 6-Liter-Schmortopf bei mittlerer bis niedriger Hitze erhitzen. Zwiebel hinzufügen; 6 bis 8 Minuten kochen lassen oder bis es weich und leicht gebräunt ist. Kohl hinzufügen; 6 bis 8 Minuten kochen und rühren, bis der Kohl knusprig und zart ist. Äpfel, Orangensaft, Essig, Kümmel, Selleriesamen und ½ Teelöffel Pfeffer hinzufügen. Zum Kochen bringen; Reduzieren Sie die Hitze auf einen niedrigen Wert. Abdecken und 30 Minuten kochen lassen, dabei gelegentlich umrühren. Aufdecken und kochen, bis die Flüssigkeit leicht reduziert ist.

2. In der Zwischenzeit legen Sie für Schweinefleisch die Koteletts zwischen zwei Lagen Frischhaltefolie oder Wachspapier. Mit der flachen Seite eines Fleischhammers oder Nudelholzes auf eine Dicke von etwa ¼ Zoll klopfen; beiseite legen.

3. In einer flachen Schüssel Mandelmehl, getrocknete Zitronenschale, 2 Teelöffel Pfeffer und Piment vermischen. In einer anderen flachen Schüssel das Ei und die Mandelmilch verquirlen. Die Schweinekoteletts leicht mit dem gewürzten Mehl bestreichen und überschüssiges Mehl abschütteln. Tauchen Sie es in die Eimischung, dann erneut in das gewürzte Mehl und schütteln Sie überschüssiges Mehl ab. Mit den restlichen Schnitzeln wiederholen.

4. In einer großen Pfanne Olivenöl bei mittlerer bis hoher Hitze erhitzen. 2 Schnitzel in die Pfanne geben. 6 bis 8 Minuten kochen lassen oder bis die Koteletts goldbraun und durchgegart sind, dabei einmal wenden. Schnitzel auf eine warme Platte geben. Mit den restlichen 2 Schnitzeln wiederholen.

5. Schnitzel mit Kohl und Zitronenspalten servieren.

IN DER PFANNE GEBRATENE PUTENBRUST MIT SCHNITTLAUCH-SCAMPI-SAUCE

VORBEREITUNG:30 Minuten kochen: 15 Minuten ergeben: 4 PortionenFOTO

UM DIE PUTENFILETS ZU HALBIERENHORIZONTAL UND SO GLEICHMÄßIG WIE MÖGLICH AUF DIE EINZELNEN STÜCKE DRÜCKEN UND MIT DER HANDFLÄCHE LEICHT ANDRÜCKEN UND GLEICHMÄßIGEN DRUCK AUSÜBEN, WÄHREND MAN DURCH DAS FLEISCH SCHNEIDET.

¼ Tasse Olivenöl
2 8 bis 12 Unzen schwere Putenbrustfilets, horizontal halbiert
¼ Teelöffel frisch gemahlener schwarzer Pfeffer
3 Esslöffel Olivenöl
4 Knoblauchzehen, gehackt
8 Unzen geschälte und entdarmte mittelgroße Garnelen, Schwänze entfernt und der Länge nach halbiert
¼ Tasse trockener Weißwein, Hühnerknochenbrühe (sieheRezept) oder Hühnerbrühe ohne Salzzusatz
2 Esslöffel geschnittener frischer Schnittlauch
½ Teelöffel fein geriebene Zitronenschale
1 Esslöffel frischer Zitronensaft
Kürbisnudeln und Tomaten (sieheRezept, unten) (optional)

1. In einer extragroßen Pfanne 1 Esslöffel Olivenöl bei mittlerer bis hoher Hitze erhitzen. Truthahn in die Pfanne geben; mit Pfeffer bestreuen. Hitze auf mittlere Stufe reduzieren. 12 bis 15 Minuten kochen lassen oder bis die Farbe nicht mehr rosa ist und der Saft klar austritt (165 °F), dabei nach der Hälfte der Garzeit einmal

wenden. Putensteaks aus der Pfanne nehmen. Zum Warmhalten mit Folie abdecken.

2. Für die Soße in derselben Pfanne 3 Esslöffel Öl bei mittlerer Hitze erhitzen. Knoblauch hinzufügen; 30 Sekunden kochen lassen. Garnelen einrühren; kochen und 1 Minute rühren. Wein, Schnittlauch und Zitronenschale einrühren; kochen und noch 1 Minute rühren, bis die Garnelen undurchsichtig sind. Vom Herd nehmen; Zitronensaft einrühren. Zum Servieren die Sauce über die Putensteaks löffeln. Nach Belieben mit Kürbisnudeln und Tomaten servieren.

Kürbisnudeln und Tomaten: Mit einer Mandoline oder einem Julienne-Schäler zwei gelbe Sommerkürbisse in Julienne-Streifen schneiden. In einer großen Pfanne 1 Esslöffel natives Olivenöl extra bei mittlerer bis hoher Hitze erhitzen. Kürbisstreifen hinzufügen; 2 Minuten kochen lassen. Fügen Sie 1 Tasse geviertelte Traubentomaten und ¼ Teelöffel frisch gemahlenen schwarzen Pfeffer hinzu; Weitere 2 Minuten kochen lassen oder bis der Kürbis knusprig und zart ist.

GESCHMORTE PUTENKEULEN MIT WURZELGEMÜSE

VORBEREITUNG:30 Minuten kochen: 1 Stunde 45 Minuten ergibt: 4 Portionen

DIES IST EINES DIESER GERICHTESIE MÖCHTEN ES AN EINEM FRISCHEN HERBSTNACHMITTAG ZUBEREITEN, WENN SIE ZEIT FÜR EINEN SPAZIERGANG HABEN, WÄHREND ES IM OFEN KÖCHELT. WENN DIE BEWEGUNG KEINEN APPETIT MACHT, WIRD DER WUNDERBARE DUFT, WENN SIE DURCH DIE TÜR KOMMEN, SICHERLICH WECKEN.

- 3 Esslöffel Olivenöl
- 4 20 bis 24 Unzen schwere Putenkeulen
- ½ Teelöffel frisch gemahlener schwarzer Pfeffer
- 6 Knoblauchzehen, geschält und zerdrückt
- 1½ Teelöffel Fenchelsamen, gequetscht
- 1 Teelöffel ganzer Piment, gequetscht*
- 1½ Tassen Hühnerknochenbrühe (sieheRezept) oder Hühnerbrühe ohne Salzzusatz
- 2 Zweige frischer Rosmarin
- 2 Zweige frischer Thymian
- 1 Lorbeerblatt
- 2 große Zwiebeln, geschält und in je 8 Spalten geschnitten
- 6 große Karotten, geschält und in 2,5 cm dicke Scheiben geschnitten
- 2 große Rüben, geschält und in 2,5 cm große Würfel geschnitten
- 2 mittelgroße Pastinaken, geschält und in 2,5 cm dicke Scheiben geschnitten**
- 1 Selleriewurzel, geschält und in 2,5 cm große Stücke geschnitten

1. Backofen auf 350 °F vorheizen. In einer großen Pfanne das Olivenöl bei mittlerer bis hoher Hitze erhitzen, bis es schimmert. Fügen Sie 2 der Putenkeulen hinzu. Etwa 8 Minuten garen oder bis die Keulen auf allen Seiten goldbraun und knusprig sind und gleichmäßig braun werden. Putenkeulen auf einen Teller legen;

Wiederholen Sie dies mit den restlichen 2 Putenkeulen. Beiseite legen.

2. Pfeffer, Knoblauch, Fenchelsamen und Pimentsamen in die Pfanne geben. Bei mittlerer Hitze 1 bis 2 Minuten kochen und rühren, bis es duftet. Hühnerknochenbrühe, Rosmarin, Thymian und Lorbeerblatt einrühren. Unter Rühren zum Kochen bringen, um gebräunte Stücke vom Boden der Pfanne abzukratzen. Die Pfanne vom Herd nehmen und beiseite stellen.

3. In einem extragroßen Dutch Oven mit dicht schließendem Deckel Zwiebeln, Karotten, Rüben, Pastinaken und Selleriewurzel vermengen. Flüssigkeit aus der Pfanne hinzufügen; Zum Überziehen werfen. Putenkeulen in die Gemüsemischung drücken. Mit Deckel abdecken.

4. Etwa 1 Stunde und 45 Minuten backen oder bis das Gemüse zart und der Truthahn gar ist. Putenkeulen und Gemüse in großen, flachen Schüsseln servieren. Den Saft aus der Pfanne darüber träufeln.

*Tipp: Um Piment- und Fenchelsamen zu zerdrücken, legen Sie die Samen auf ein Schneidebrett. Drücken Sie mit der flachen Seite eines Kochmessers nach unten, um die Kerne leicht zu zerdrücken.

**Tipp: Große Stücke von der Spitze der Pastinaken würfeln.

PUTENHACKBRATEN MIT KRÄUTERN, KARAMELLISIERTEM ZWIEBELKETCHUP UND GERÖSTETEN KOHLSPALTEN

VORBEREITUNG: 15 Minuten kochen: 30 Minuten backen: 1 Stunde 10 Minuten stehen lassen: 5 Minuten ergibt: 4 Portionen

EIN KLASSISCHER HACKBRATEN MIT KETCHUP IST ES AUF JEDEN FALL AUF DEM PALÄO-MENÜ, WENN DER KETCHUP (SIEHE REZEPT) IST FREI VON SALZ UND ZUGESETZTEM ZUCKER. DABEI WIRD DER KETCHUP MIT KARAMELLISIERTEN ZWIEBELN VERRÜHRT, DIE VOR DEM BACKEN AUF DEN HACKBRATEN GESTAPELT WERDEN.

1½ Pfund gemahlener Truthahn

2 Eier, leicht geschlagen

½ Tasse Mandelmehl

⅓ Tasse geschnittene frische Petersilie

¼ Tasse dünn geschnittene Frühlingszwiebeln (2)

1 Esslöffel geschnittener frischer Salbei oder 1 Teelöffel getrockneter Salbei, zerstoßen

1 Esslöffel gehackter frischer Thymian oder 1 Teelöffel getrockneter Thymian, zerstoßen

¼ Teelöffel schwarzer Pfeffer

2 Esslöffel Olivenöl

2 süße Zwiebeln, halbiert und in dünne Scheiben geschnitten

1 Tasse Paleo-Ketchup (siehe Rezept)

1 kleiner Kohlkopf, halbiert, entkernt und in 8 Spalten geschnitten

½ bis 1 Teelöffel zerstoßener roter Pfeffer

1. Backofen auf 350 °F vorheizen. Eine große Bratpfanne mit Backpapier auslegen; beiseite legen. In einer großen Schüssel Putenhackfleisch, Eier, Mandelmehl, Petersilie, Frühlingszwiebeln, Salbei, Thymian und schwarzen Pfeffer vermischen. In der vorbereiteten Bratpfanne die Putenmischung zu einem 20 x 10 cm großen Laib formen. 30 Minuten backen.

2. In der Zwischenzeit für den karamellisierten Zwiebelketchup in einer großen Pfanne 1 Esslöffel Olivenöl bei mittlerer Hitze erhitzen. Zwiebeln hinzufügen; Etwa 5 Minuten kochen lassen oder bis die Zwiebeln gerade anfangen zu bräunen, dabei häufig umrühren. Reduzieren Sie die Hitze auf mittel-niedrig; Etwa 25 Minuten kochen lassen oder bis es goldbraun und sehr weich ist, dabei gelegentlich umrühren. Vom Herd nehmen; Paleo-Ketchup unterrühren.

3. Etwas karamellisierten Zwiebelketchup über das Putenbrot geben. Kohlspalten um den Laib legen. Den Kohl mit dem restlichen 1 Esslöffel Olivenöl beträufeln; Mit zerstoßenem rotem Pfeffer bestreuen. Etwa 40 Minuten backen oder bis ein sofort ablesbares Thermometer in der Mitte des Laibs 165 °F anzeigt, mit zusätzlichem karamellisierten Zwiebelketchup belegen und die Kohlspalten nach 20 Minuten wenden. Lassen Sie das Putenbrot vor dem Schneiden 5 bis 10 Minuten ruhen.

4. Putenbrot mit Kohlspalten und dem restlichen karamellisierten Zwiebelketchup servieren.

TRUTHAHN-POSOLE

VORBEREITUNG: 20 Minuten Grillen: 8 Minuten Kochen: 16 Minuten ergibt: 4 Portionen

DIE TOPPINGS FÜR DIESE WÄRMENDE SUPPE NACH MEXIKANISCHER ART SIND MEHR ALS BEILAGEN. DER KORIANDER SORGT FÜR DEN UNVERWECHSELBAREN GESCHMACK, DIE AVOCADO SORGT FÜR CREMIGKEIT – UND GERÖSTETE PEPITAS SORGEN FÜR EINEN KÖSTLICHEN CRUNCH.

8 frische Tomaten

1¼ bis 1½ Pfund gemahlener Truthahn

1 rote Paprika, entkernt und in dünne, mundgerechte Streifen geschnitten

½ Tasse gehackte Zwiebel (1 mittelgroße)

6 Knoblauchzehen, gehackt (1 Esslöffel)

1 Esslöffel mexikanisches Gewürz (siehe Rezept)

2 Tassen Hühnerknochenbrühe (siehe Rezept) oder Hühnerbrühe ohne Salzzusatz

1 14,5-Unzen-Dose ohne Salzzusatz feuergeröstete Tomaten, nicht abgetropft

1 Jalapeño- oder Serrano-Chilischote, entkernt und gehackt (siehe Tipp)

1 mittelgroße Avocado, halbiert, geschält, entkernt und in dünne Scheiben geschnitten

¼ Tasse ungesalzene Pepitas, geröstet (siehe Tipp)

¼ Tasse geschnittener frischer Koriander

Limettenspalten

1. Heizen Sie den Grill vor. Von den Tomatillos die Schale entfernen und wegwerfen. Tomaten waschen und halbieren. Tomatillohälften auf den unbeheizten Rost einer Grillpfanne legen. Im Abstand von 10 bis 12 cm vor der Hitze 8 bis 10 Minuten grillen oder bis es leicht verkohlt ist, dabei nach der Hälfte der Grillzeit einmal wenden. In der Pfanne auf einem Kuchengitter leicht abkühlen lassen.

2. In der Zwischenzeit in einer großen Pfanne Truthahn, Paprika und Zwiebeln bei mittlerer bis hoher Hitze 5 bis 10 Minuten lang kochen oder bis der Truthahn gebräunt und das Gemüse zart ist, dabei mit einem Holzlöffel umrühren, um das Fleisch beim Garen aufzulockern. Bei Bedarf Fett abtropfen lassen. Fügen Sie Knoblauch und mexikanische Gewürze hinzu. Noch 1 Minute kochen und umrühren.

3. In einem Mixer etwa zwei Drittel der verkohlten Tomaten und 1 Tasse Hühnerknochenbrühe vermischen. Abdecken und glatt rühren. Zur Putenmischung in der Pfanne hinzufügen. Die restliche 1 Tasse Hühnerknochenbrühe, nicht abgetropfte Tomaten und Chilischote unterrühren. Die restlichen Tomaten grob hacken; zur Truthahnmischung hinzufügen. Zum Kochen bringen; Hitze reduzieren. Abdecken und 10 Minuten köcheln lassen.

4. Zum Servieren die Suppe in flache Schüsseln füllen. Mit Avocado, Pepitas und Koriander belegen. Geben Sie Limettenschnitze zum Auspressen über die Suppe.

HÜHNERKNOCHENBRÜHE

VORBEREITUNG: 15 Minuten braten: 30 Minuten kochen: 4 Stunden abkühlen: über Nacht ergibt: etwa 10 Tassen

FÜR DEN FRISCHESTEN, BESTEN GESCHMACK – UND HÖCHSTENNÄHRSTOFFGEHALT – VERWENDEN SIE HAUSGEMACHTE HÜHNERBRÜHE IN IHREN REZEPTEN. (ES ENTHÄLT AUßERDEM KEIN SALZ, KEINE KONSERVIERUNGSSTOFFE ODER ZUSATZSTOFFE.) DAS RÖSTEN DER KNOCHEN VOR DEM KÖCHELN VERSTÄRKT DEN GESCHMACK. WÄHREND SIE LANGSAM IN FLÜSSIGKEIT KOCHEN, VERSORGEN DIE KNOCHEN DIE BRÜHE MIT MINERALIEN WIE KALZIUM, PHOSPHOR, MAGNESIUM UND KALIUM. MIT DER UNTEN AUFGEFÜHRTEN SLOW-COOKER-VARIANTE GEHT DAS BESONDERS EINFACH. FRIEREN SIE ES IN 2- UND 4-TASSEN-BEHÄLTERN EIN UND TAUEN SIE NUR DAS AUF, WAS SIE BRAUCHEN.

2 Pfund Hähnchenflügel und -rücken

4 Karotten, gehackt

2 große Lauchstangen, nur weiße und hellgrüne Teile, in dünne Scheiben geschnitten

2 Stangen Sellerie mit Blättern, grob gehackt

1 Pastinake, grob gehackt

6 große Zweige italienische (glattblättrige) Petersilie

6 Zweige frischer Thymian

4 Knoblauchzehen, halbiert

2 Teelöffel ganze schwarze Pfefferkörner

2 ganze Nelken

Kaltes Wasser

1. Den Ofen auf 200 °C (425 °F) vorheizen. Hähnchenflügel und -rücken auf einem großen Backblech anrichten; 30 bis 35 Minuten rösten, bis es gut gebräunt ist.

2. Übertragen Sie die gebräunten Hähnchenstücke und alle auf dem Backblech angesammelten gebräunten Stücke in einen großen Suppentopf. Karotten, Lauch, Sellerie, Pastinaken, Petersilie, Thymian, Knoblauch, Pfefferkörner und Nelken hinzufügen. Geben Sie so viel kaltes Wasser (ca. 12 Tassen) in einen großen Suppentopf, dass Hühnchen und Gemüse bedeckt sind. Bei mittlerer Hitze zum Kochen bringen; Passen Sie die Hitze so an, dass die Brühe auf einem sehr niedrigen Niveau köchelt und die Blasen gerade erst an der Oberfläche aufbrechen. Abdecken und 4 Stunden köcheln lassen.

3. Heiße Brühe durch ein großes Sieb abseihen, das mit zwei Lagen feuchtem Käsetuch aus 100 % Baumwolle ausgelegt ist. Feststoffe entsorgen. Brühe abdecken und über Nacht kalt stellen. Entfernen Sie vor der Verwendung die Fettschicht von der Brühe und entsorgen Sie sie.

Tipp: Zum Klären der Brühe (optional) in einer kleinen Schüssel 1 Eiweiß, 1 zerstoßene Eierschale und ¼ Tasse kaltes Wasser vermischen. Die Mischung in die abgesiebte Brühe im Topf einrühren. Zum Kochen bringen. Vom Herd nehmen; 5 Minuten stehen lassen. Heiße Brühe durch ein Sieb abseihen, das mit einer frischen doppelten Schicht Käsetuch aus 100 % Baumwolle ausgelegt ist. Vor der Verwendung abkühlen lassen und Fett abschöpfen.

Anleitung für den Slow Cooker: Bereiten Sie die Zutaten wie in Schritt 2 angegeben vor und geben Sie sie in einen 5 bis 6 Liter fassenden Slow Cooker. Abdecken und bei niedriger Hitze 12 bis 14 Stunden garen. Fahren Sie wie in Schritt 3 beschrieben fort. Ergibt etwa 10 Tassen.

BLAUBEER- UND GERÖSTETER RÜBENKOHLSALAT

VORBEREITUNG: 25 Minuten Braten: 30 Minuten ergeben: 4 Portionen FOTO

DIESER SALAT IST EIN NÄHRSTOFF-KRAFTPAKET. MIT RÜBEN, GRÜNKOHL UND BLAUBEEREN IST ES REICH AN ANTIOXIDANTIEN, EISEN, KALZIUM, VITAMINEN, MINERALIEN UND ENTZÜNDUNGSHEMMENDEN VERBINDUNGEN. ES LÄSST SICH LEICHT VON EINER BEILAGE IN EIN HAUPTGERICHT UMWANDELN – FÜGEN SIE EINFACH 4 UNZEN GEKOCHTEN LACHS, HÜHNCHEN, SCHWEINEFLEISCH ODER RINDFLEISCH ZU JEDEM SALAT HINZU.

3 mittelgroße Rüben (insgesamt etwa 12 Unzen), geputzt, geschält und in Viertel geschnitten

1 Esslöffel Olivenöl

1 kleine Zwiebel, in dünne Spalten geschnitten

6 Esslöffel Balsamico-Essig

6 Esslöffel Olivenöl oder Leinöl

½ Teelöffel gehackter frischer Rosmarin oder Thymian

3 Tassen zerrissener frischer Römersalat

2 Tassen zerrissener frischer Grünkohl

½ Tasse frische Blaubeeren

¼ Tasse Haselnüsse, geröstet und grob gehackt*

1. Den Ofen auf 200 °C (425 °F) vorheizen. In einer 15×10×1 Zoll großen Backform Rübenspalten mit 1 Esslöffel Olivenöl vermengen. Mit Folie abdecken. 10 Minuten rösten. Folie entfernen; Zwiebeln hinzufügen und vermengen. Unbedeckt noch etwa 20 Minuten rösten, bis die Rüben und Zwiebeln weich sind.

2. Für das Dressing zwei der gerösteten Rübenspalten, den Essig, 6 Esslöffel Olivenöl und den Rosmarin in einen Mixer geben. Abdecken und mixen, bis eine sehr glatte Masse entsteht, dabei bei Bedarf den Schüsselrand abkratzen.

3. Römersalat und Grünkohl auf vier Servierteller verteilen. Mit den restlichen gerösteten Rüben und der Zwiebel belegen. Gleichmäßig mit Dressing beträufeln. Mit Blaubeeren und Haselnüssen bestreuen.

*Tipp: Um Haselnüsse zu rösten, heizen Sie den Ofen auf 350 °F vor. Die Nüsse in einer einzigen Schicht in einer flachen Backform verteilen. 8 bis 10 Minuten lang backen oder bis es leicht geröstet ist, dabei einmal umrühren, um gleichmäßig zu rösten. Nüsse leicht abkühlen lassen. Legen Sie die warmen Nüsse auf ein sauberes Küchentuch. Mit dem Handtuch abreiben, um die losen Häute zu entfernen.

GERÖSTETE KAROTTEN-PASTINAKEN-SUPPE MIT GARAM-MASALA-NUSS-„CROUTONS"

VORBEREITUNG: 30 Minuten braten: 30 Minuten kochen: 10 Minuten ergibt: 8 Portionen

WENN IHRE KAROTTEN SCHLANK UND FRISCH SINDDA DIE HAUT RELATIV DÜNN IST, BESTEHT EIGENTLICH KEINE NOTWENDIGKEIT, SIE ZU SCHÄLEN. EIN KRÄFTIGES SCHRUBBEN MIT EINER GEMÜSEBÜRSTE GENÜGT. IN JEDEM FALL ERHALTEN SIE JEDOCH WERTVOLLE NÄHRSTOFFE WIE BETA-CAROTIN.

Olivenöl

1½ Pfund Karotten, nach Wunsch geschält und in 1½-Zoll-Stücke geschnitten

1½ Pfund Pastinaken, geschält und in 1½-Zoll-Stücke geschnitten

2 Granny-Smith-Äpfel, geschält und in 1½-Zoll-Stücke geschnitten

2 gelbe Zwiebeln, in 1½-Zoll-Stücke geschnitten

2 Esslöffel Olivenöl

1 Teelöffel Currypulver

¼ Teelöffel schwarzer Pfeffer

1 Esslöffel geriebener frischer Ingwer

6 Tassen Hühnerknochenbrühe (sieheRezept) oder Hühnerbrühe ohne Salzzusatz

1 Teelöffel gemahlener Kreuzkümmel

Hühnerknochenbrühe, Hühnerbrühe ohne Salzzusatz, Wasser oder ungesüßte Kokosmilch (optional)

Garam-Masala-Nuss-„Croutons" (siehe Rezept rechts)

1. Heizen Sie den Ofen auf 400 °F vor. Ein extragroßes Backblech mit Rand mit Olivenöl bestreichen. In einer extragroßen Schüssel Karotten, Pastinaken, Äpfel und Zwiebeln vermengen. In einer kleinen Schüssel 2 Esslöffel Olivenöl, ½ Teelöffel Currypulver und Pfeffer vermischen. Über Gemüse und Äpfel gießen; Zum Überziehen werfen. Gemüse und Äpfel in einer einzigen Schicht auf dem vorbereiteten Backblech verteilen. 30 bis 40 Minuten rösten, bis Gemüse und Äpfel sehr zart sind.

2. Geben Sie in drei Portionen ein Drittel der Gemüse-Apfel-Mischung und den gesamten Ingwer in eine Küchenmaschine oder einen Mixer. 2 Tassen Hühnerknochenbrühe hinzufügen. Abdecken und glatt rühren; In einen großen Topf geben. Wiederholen Sie den Vorgang mit der restlichen Gemüse-Apfel-Mischung und 4 weiteren Tassen Brühe. Den restlichen ½ Teelöffel Currypulver und den Kreuzkümmel zu der pürierten Mischung hinzufügen. Zum Kochen bringen; Hitze reduzieren. Ohne Deckel 10 Minuten köcheln lassen, damit sich die Aromen vermischen. Wenn die Suppe zu dick ist, verdünnen Sie sie mit zusätzlicher Brühe, Wasser oder Kokosmilch. Garnieren Sie jede Portion mit 1 Esslöffel Garam-Masala-Nuss-„Croutons".

Garam-Masala-Nuss-„Croutons": Ofen auf 300 °F vorheizen. Ein umrandetes Backblech leicht mit Olivenöl bestreichen. In einer mittelgroßen Schüssel 1 Eiweiß, ½ Teelöffel Vanille, ½ Teelöffel Garam Masala oder Apfelkuchengewürz und eine Prise Cayennepfeffer verquirlen. 1 Tasse gehobelte Mandeln unterrühren. Auf der vorbereiteten Pfanne verteilen. 15 bis 25 Minuten backen oder bis die Nüsse goldbraun sind, dabei alle 5 Minuten umrühren. Vollständig abkühlen lassen. Brechen Sie alle großen Stücke auf. In einem abgedeckten Behälter bis zu 1 Woche lagern. Ergibt 1 Tasse.

CREMIGE SELLERIEWURZELSUPPE MIT KRÄUTERÖL

VORBEREITUNG: 15 Minuten kochen: 30 Minuten ergeben: 4 Portionen FOTO

DIE BESCHEIDENE SELLERIEWURZEL – MANCHMAL AUCH KNOLLENSELLERIE GENANNT – IST KNORRIG UND KNORRIG UND SIEHT EHRLICH GESAGT EIN WENIG UNKONVENTIONELL AUS. ABER UNTER DER HOLZIGEN SCHALE BEFINDET SICH EINE KNUSPRIGE, NUSSIG SCHMECKENDE WURZEL, DIE – WENN SIE MIT HÜHNERBRÜHE GEKOCHT UND PÜRIERT WIRD – EINE CREMIGE, REIN SCHMECKENDE, SEIDIGE SUPPE ERGIBT. EIN SCHUSS KRÄUTER-OLIVENÖL VERSTÄRKT DEN HERRLICHEN GESCHMACK, ÜBERDECKT IHN ABER NICHT.

1 Esslöffel Olivenöl

1 Lauch, in Scheiben geschnitten (nur weiße und hellgrüne Teile)

4 Tassen Hühnerknochenbrühe (siehe Rezept) oder Hühnerbrühe ohne Salzzusatz

½ einer mittelgroßen Selleriewurzel (ca. 10 Unzen), geschält und in 2,5 cm große Würfel geschnitten

½ Kopf Blumenkohl, entkernt und in Röschen zerteilt

¼ Tasse verpackte italienische (glattblättrige) Petersilie

¼ Tasse verpackte Basilikumblätter

¼ Tasse Olivenöl

1 Esslöffel frischer Zitronensaft

¼ Teelöffel schwarzer Pfeffer

1. In einem großen Topf 1 Esslöffel Olivenöl bei mittlerer Hitze erhitzen. Lauch hinzufügen; 4 bis 5 Minuten kochen lassen oder bis es weich ist. Hühnerknochenbrühe, Selleriewurzel und Blumenkohl hinzufügen. Zum Kochen bringen; Hitze reduzieren. Abdecken und 20 bis 25 Minuten köcheln lassen, bis das Gemüse weich ist. Vom Herd nehmen; etwas abkühlen lassen.

2. In der Zwischenzeit für das Kräuteröl Petersilie, Basilikum und ¼ Tasse Olivenöl in einer Küchenmaschine oder einem Mixer vermischen. Abdecken und verarbeiten oder mixen, bis alles gut vermischt ist und die Kräuter in sehr kleine Stücke zerfallen. Gießen Sie das Öl durch ein feinmaschiges Sieb in eine kleine Schüssel und drücken Sie die Kräuter mit der Rückseite eines Löffels aus, um so viel Öl wie möglich zu extrahieren. Kräuter wegwerfen; Kräuteröl beiseite stellen.

3. Geben Sie die Hälfte der Selleriewurzelmischung in die Küchenmaschine oder den Mixer. Abdecken und verarbeiten oder mixen, bis eine glatte Masse entsteht. In eine große Schüssel füllen. Wiederholen Sie den Vorgang mit der restlichen Selleriewurzelmischung. Geben Sie die gesamte Mischung zurück in den Topf. Zitronensaft und Pfeffer einrühren; Wärme durch.

4. Suppe in Schüsseln füllen. Mit Kräuteröl beträufeln.

GERÖSTETER DELICATA-KÜRBIS-SPINAT-SALAT

VORBEREITUNG: 15 Minuten Braten: 12 Minuten ergeben: 4 Portionen

OBWOHL DER DELICATA-KÜRBIS ZUR GLEICHEN ART GEHÖRT ALS SOMMERKÜRBIS – WIE ZUCCHINI UND GELBER KÜRBIS – IST ER EIGENTLICH EIN WINTERKÜRBIS. SEINE HELLGELBE HAUT WIRD DURCH SCHÖNE GRÜNE STREIFEN AKZENTUIERT. DAS ZARTE GELBE FRUCHTFLEISCH SCHMECKT EIN WENIG WIE EINE MISCHUNG AUS SÜßKARTOFFELN UND BUTTERNUSSKÜRBIS. BEIM KOCHEN IST DIE DÜNNE HAUT KAUM ZU ERKENNEN, SO DASS MAN SIE NICHT SCHÄLEN MUSS.

3 Delicata-Kürbis (insgesamt etwa 2 Pfund)

2 Bund Frühlingszwiebeln, in 2,5 cm große Stücke geschnitten

2 Esslöffel Olivenöl

⅛ Teelöffel schwarzer Pfeffer

1 Esslöffel Zitronen-Kräuter-Gewürz (siehe Rezept)

8 Unzen frischer Babyspinat

⅓ Tasse geröstete Pepitas (Kürbiskerne)

½ Tasse geröstete Knoblauchvinaigrette (siehe Rezept)

1. Den Ofen auf 450 °F vorheizen. Den Kürbis der Länge nach halbieren, die Kerne entfernen und in ¼ Zoll dicke Stücke schneiden. In einer großen Schüssel Kürbis, Frühlingszwiebeln, Olivenöl, Pfeffer und Zitronen-Kräuter-Gewürz vermischen; Zum Überziehen werfen. Die Kürbismischung auf einer großen Backform verteilen. Etwa 12 Minuten rösten oder bis es weich und leicht gebräunt ist, dabei einmal umrühren. 2 Minuten abkühlen lassen.

2. In einer extragroßen Schüssel die geröstete Kürbismischung, den Spinat und die Kürbiskerne vermischen. Den Salat mit gerösteter Knoblauchvinaigrette beträufeln. Vorsichtig mischen, um es zu beschichten.

KNUSPRIGER BROKKOLISALAT

VORBEREITUNG: 15 Minuten kalt stellen: 1 Stunde ergibt: 4 bis 6 Portionen

DIES ÄHNELT EINEM SEHR BELIEBTEN BROKKOLISALATDAS TAUCHT BEI SOMMERGRILLS UND POTLUCKS AUF – UND VERSCHWINDET GENAUSO SCHNELL. DIESE VERSION IST REINES PALÄO. ALLE ELEMENTE SIND VORHANDEN – KNUSPRIG, CREMIG UND SÜß –, ABER DAS DRESSING ENTHÄLT KEINEN VERARBEITETEN ZUCKER UND DIE RAUCHIGKEIT KOMMT VON SALZFREIEN RÄUCHERWÜRZEN ANSTELLE VON SPECK, DER MIT NATRIUM BELADEN IST.

¾ Tasse Paleo Mayo (siehe Rezept)

1½ Teelöffel Rauchgewürz (siehe Rezept)

3 Teelöffel fein zerkleinerte Orangenschale

5 Teelöffel frischer Orangensaft

5 Teelöffel Weißweinessig

1 Bund Brokkoli, in kleine Röschen geschnitten (ca. 5 Tassen)

⅓ Tasse ungeschwefelte Rosinen

¼ Tasse gehackte rote Zwiebel

¼ Tasse ungesalzene geröstete Sonnenblumenkerne oder Mandelblättchen

1. Für das Dressing Paleo Mayo, Smoky Seasoning, Orangenschale, Orangensaft und Essig in einer kleinen Schüssel verrühren. beiseite legen.

2. In einer großen Schüssel Brokkoli, Rosinen, Zwiebeln und Sonnenblumenkerne vermengen. Dressing über die

Brokkolimischung gießen; Zum Kombinieren gut verrühren. Vor dem Servieren abdecken und mindestens 1 Stunde im Kühlschrank lagern.

GEGRILLTER OBSTSALAT MIT FRÜHLINGSZWIEBELVINAIGRETTE

VORBEREITUNG:15 Minuten Grillen: 6 Minuten Abkühlen: 30 Minuten ergibt: 6 Portionen<u>FOTO</u>

BEI DER SCHAFFUNG EINES INTERESSANTEN GESCHMACKS KOMMT ES AUF DIE KLEINEN DINGE ANDAS ZÄHLT. DIE FRÜHLINGSZWIEBELVINAIGRETTE FÜR DIESEN STEINOBSTSALAT BESTEHT AUS OLIVENÖL, CAYENNEPFEFFER, FRÜHLINGSZWIEBELN UND DEM SAFT EINER VOR DEM AUSPRESSEN GEGRILLTEN MANDARINE – WAS IHR EINEN HAUCH VON RAUCH VERLEIHT UND DEN MANDARINENGESCHMACK INTENSIVIERT.

2 Pfirsiche, der Länge nach halbiert und entkernt

2 Pflaumen, der Länge nach halbiert und entkernt

3 Aprikosen, längs halbiert und entkernt

1 Mandarine oder Orange, quer halbiert

½ Teelöffel schwarzer Pfeffer

½ Teelöffel Paprika

3 bis 4 Esslöffel Olivenöl

2 Frühlingszwiebeln, in dünne Scheiben geschnitten

¼ bis ½ Teelöffel Cayennepfeffer oder Paprika

1. Pfirsiche, Pflaumen, Aprikosen und die Mandarine mit der Schnittfläche nach oben auf ein großes Backblech legen. Mit schwarzem Pfeffer und ½ Teelöffel Paprika bestreuen. Mit 1 bis 2 Esslöffeln Olivenöl beträufeln und die Früchte gleichmäßig damit bestreichen.

2. Bei einem Holzkohle- oder Gasgrill legen Sie die Früchte mit der Schnittfläche nach unten auf einen Grillrost direkt bei mittlerer Hitze. Abdecken und 6 Minuten grillen oder bis es verkohlt und leicht weich ist, dabei nach der Hälfte der Grillzeit einmal wenden. Lassen Sie die Früchte abkühlen, bis sie leicht zu handhaben sind. Pfirsiche, Pflaumen und Aprikosen grob hacken; beiseite legen.

3. Für das Dressing den Saft der Mandarinenhälften in eine kleine Schüssel auspressen (alle Kerne wegwerfen). Die Frühlingszwiebeln, die restlichen 2 Esslöffel Olivenöl und Cayennepfeffer zum Mandarinensaft geben; Zum Kombinieren verquirlen. Kurz vor dem Servieren die gegrillten Früchte mit dem Dressing vermengen.

KNUSPRIGER CURRY-BLUMENKOHL

ANFANG BIS ENDE: 30 Minuten ergeben: 8 bis 10 Portionen

HERGESTELLT AUS ROHEM BLUMENKOHL, DIES IST EIN GROßARTIGES GERICHT, DAS MAN ZU EINEM POTLUCK MITBRINGEN KANN. ES IST PREISWERT, REICHT FÜR REICHLICH PORTIONEN UND DIE LEUTE SCHWÄRMEN DAVON (DAS WISSEN WIR AUS UNSEREN EIGENEN REZEPTTESTS). NOCH BESSER: ES KANN BIS ZU EINEM TAG IM VORAUS ZUBEREITET WERDEN. WARTEN SIE EINFACH MIT DEM EINRÜHREN VON KORIANDER, PEPITAS UND ROSINEN BIS KURZ VOR DEM SERVIEREN.

1 Kopf Blumenkohl (ca. 2 Pfund)*

⅓ Tasse Olivenöl

⅓ Tasse frischer Zitronensaft (von 2 Zitronen)

⅓ Tasse gehackte Schalotten

1 Esslöffel gelbes Currypulver

1 Teelöffel Kreuzkümmel, geröstet (siehe Tipp)

½ Tasse geschnittener frischer Koriander

½ Tasse Pepitas (Kürbiskerne) oder gehobelte Mandeln, geröstet (siehe Tipp)

½ Tasse ungeschwefelte goldene Rosinen

1. Äußere Blätter vom Blumenkohl entfernen und den Stiel abschneiden. Mit der Stielseite nach unten auf ein Schneidebrett legen. In sehr dünne Scheiben schneiden, von oben nach unten. (Einige der Stücke zerbröckeln.) Blumenkohl in eine große

Rührschüssel geben; Brechen Sie alle großen Stücke auf. (Sie sollten etwa 6 Tassen Blumenkohl haben.)

2. In einer kleinen Rührschüssel Olivenöl, Zitronensaft, Schalotten, Currypulver und Kreuzkümmel verrühren. Die Mischung über den Blumenkohl gießen. Zum Überziehen werfen. 10 bis 15 Minuten stehen lassen, dabei gelegentlich umrühren.

3. Kurz vor dem Servieren Koriander, Pepitas und Rosinen unterrühren.

*Hinweis: Romanesco-Blumenkohl kann hier verwendet werden, obwohl er nicht so weit verbreitet ist wie herkömmlicher Blumenkohl.

Zubereitungsanleitung: Bereiten Sie den Salat gemäß Schritt 2 vor. Abdecken und bis zu 24 Stunden kühl stellen, dabei gelegentlich umrühren. Kurz vor dem Servieren Koriander, Pepitas und Rosinen unterrühren.

NEOKLASSISCHER WALDORFSALAT

VORBEREITUNG:20 Minuten abkühlen lassen: 1 Stunde ergibt: 4 bis 6 Portionen

DER KLASSISCHE WALDORFSALAT WURDE IM WALDORF ASTORIA HOTEL KREIERTIN NEW YORK. IN SEINER REINSTEN FORM IST ES EINE KOMBINATION AUS ÄPFELN, SELLERIE UND MAYONNAISE. WALNÜSSE – UND MANCHMAL AUCH ROSINEN – WURDEN SPÄTER HINZUGEFÜGT. DIESE AUFGEFRISCHTE VERSION BESTEHT AUS BIRNEN UND ASIATISCHEN BIRNEN – DEREN KONSISTENZ AN ÄPFEL ERINNERT – UND WIRD MIT GETROCKNETEN KIRSCHEN, KRÄUTERN UND GERÖSTETEN PEKANNÜSSEN VERFEINERT.

2 reife, feste Birnen (wie Bosc oder Anjou), entkernt und gewürfelt

2 asiatische Birnen entkernt und gewürfelt

2 Esslöffel Limettensaft

2 Stangen Sellerie in Scheiben geschnitten

¾ Tasse getrocknete ungesüßte Sauerkirschen oder Preiselbeeren

1 Esslöffel geschnittener frischer Estragon

1 Esslöffel geschnittene frische italienische (glattblättrige) Petersilie

¼ Tasse Cashewcreme (sieheRezept)

2 Esslöffel Paleo Mayo (sieheRezept)

½ Tasse gehackte geröstete Pekannüsse (sieheTipp)

1. In einer großen Rührschüssel die Birnen und asiatischen Birnen mit Limettensaft, Sellerie, Kirschen und Kräutern vermischen.

2. In einer kleinen Schüssel die Cashew-Creme und Paleo Mayo verquirlen; Über die Birnenmischung gießen und vorsichtig umrühren. 1 Stunde in den Kühlschrank stellen, damit sich die Aromen vermischen können. Den Salat vor dem Servieren mit Pekannüssen bestreuen.

GEGRILLTE RÖMERHERZEN MIT BASILIKUM-GREEN-GODDESS-DRESSING

VORBEREITUNG:15 Minuten Grillen: 6 Minuten ergeben: 6 Portionen FOTO

DIES IST EIN STEAK-MESSER-UND-GABEL-SALAT. RÖMERHERZEN SIND ROBUST GENUG, UM DEM GRILLEN STANDZUHALTEN, UND DIE KOMBINATION AUS KNACKIGEM, LEICHT ANGEKOHLTEM SALAT UND CREMIGEM KRÄUTERDRESSING IST EINFACH HERVORRAGEND. ES IST DIE PERFEKTE BEILAGE ZU EINEM GEGRILLTEN STEAK.

½ Tasse Paleo Mayo (siehe Rezept)

½ Tasse geschnittenes frisches Basilikum

¼ Tasse geschnittene frische Petersilie

2 Esslöffel geschnittener frischer Schnittlauch

3 Esslöffel Olivenöl

2 Esslöffel frischer Zitronensaft

1 Esslöffel Weißweinessig

3 Römersalatherzen, der Länge nach halbiert

1 Tasse Trauben- oder Kirschtomaten, halbiert

Gebrochener schwarzer Pfeffer

Geschnittener frischer Basilikum (optional)

1. Für das Dressing Paleo Mayo, ½ Tasse Basilikum, Petersilie, Schnittlauch, 2 Esslöffel Olivenöl, Zitronensaft und Essig in einer Küchenmaschine oder einem Mixer vermischen. Abdecken und verarbeiten oder mixen, bis eine glatte und hellgrüne Masse entsteht. Abdecken und kalt stellen, bis es benötigt wird.

2. Den restlichen 1 Esslöffel Olivenöl über die halbierten Römerherzen träufeln. Reiben Sie das Öl mit den Händen gleichmäßig von allen Seiten ein.

3. Für einen Holzkohle- oder Gasgrill legen Sie die Romaine mit der Schnittfläche nach unten auf einen Grillrost direkt bei mittlerer Hitze. Abdecken und ca. 6 Minuten grillen, bis der Römersalat leicht verkohlt ist, dabei nach der Hälfte der Grillzeit einmal wenden.

4. Zum Servieren das Dressing über den gegrillten Römersalat löffeln. Mit Kirschtomaten, zerstoßener Paprika und, falls gewünscht, zusätzlich geschnittenem Basilikum belegen.

RUCOLA-KRÄUTER-SALAT MIT POCHIERTEN EIERN

ANFANG BIS ENDE: 20 Minuten ergeben: 4 Portionen FOTO

DER ESSIG WIRD DEM POCHIERWASSER ZUGESETZT DENN DIE EIER SORGEN DAFÜR, DASS DIE RÄNDER DES EIWEIßES SCHNELLER GERINNEN, SO DASS ES BEIM GAREN SEINE FORM BESSER BEHÄLT.

6 Tassen Rucola

2 Esslöffel geschnittener frischer Estragon

2 Teelöffel gehackter frischer Thymian

3 bis 4 Esslöffel klassische französische Vinaigrette (siehe Rezept)

1 Tasse geviertelte Trauben- oder Kirschtomaten

3 große Radieschen

4 Tassen Wasser

1 Esslöffel Apfelessig

4 Eier

Gebrochener schwarzer Pfeffer

1. Für den Salat Rucola, Estragon und Thymian in einer großen Salatschüssel vermengen. Mit 2 bis 3 Esslöffeln der klassischen französischen Vinaigrette beträufeln; Zum Überziehen werfen. Den Salat auf vier Servierteller verteilen. Mit Tomaten belegen; Salate beiseite stellen.

2. Radieschenspitzen und -wurzeln entfernen und entsorgen; Die Radieschen reiben. Radieschen beiseite legen.

3. In einer großen Pfanne Wasser und Essig vermischen. Zum Kochen bringen. Reduzieren Sie die Hitze auf köcheln (kleine Bläschen sprengen die Oberfläche). Schlagen Sie ein Ei in einen Puddingbecher und gleiten Sie es vorsichtig in die Wassermischung. Wiederholen Sie den Vorgang mit den restlichen Eiern und achten Sie darauf, dass sie sich nicht berühren. Ohne Deckel etwa 3 Minuten köcheln lassen oder bis das Eiweiß fest ist und das Eigelb gerade anfängt einzudicken. Jedes Ei mit einem Schaumlöffel herausnehmen und auf einen Salat legen. Den Salat mit dem restlichen 1 Esslöffel Vinaigrette beträufeln. Mit geriebenem Rettich garnieren und mit Pfeffer bestreuen. Sofort servieren.

HEIRLOOM-TOMATEN-WASSERMELONEN-SALAT MIT ROSA PFEFFERKÖRNER-NIESELREGEN

ANFANG BIS ENDE: 30 Minuten ergeben: 6 Portionen FOTO

DAS IST SOMMER IN EINER SCHÜSSEL– SAFTIGE REIFE ALTE TOMATEN UND WASSERMELONE. MIT EINER MISCHUNG AUS ALTEN TOMATEN – WAS AUCH IMMER SIE IN IHREM GARTEN ANBAUEN, IN IHRER CSA-BOX FINDEN ODER AUF DEM BAUERNMARKT KAUFEN – ERHALTEN SIE EINE SCHÖNE PRÄSENTATION.

1 Miniatur-Wassermelone ohne Kerne (4 bis 4½ Pfund)

4 große alte Tomaten

¼ einer roten Zwiebel, in hauchdünne Streifen geschnitten

¼ Tasse lose verpackte frische Minzblätter

¼ Tasse Basilikum-Chiffonade*

¼ Tasse Olivenöl

2 Esslöffel frischer Zitronensaft

1½ Teelöffel rosa Pfefferkörner

1. Schale von der Wassermelone entfernen; Schneiden Sie die Melone in 2,5 cm große Stücke. Stiel- und Kerntomaten; in Spalten schneiden. Auf einer großen Servierplatte oder in einer großen Servierschüssel Wassermelonenstücke und Tomatenspalten vermischen; Zum Kombinieren werfen. Mit Zwiebeln, Minze und Basilikum-Chiffonade bestreuen.

2. Für das Dressing Olivenöl, Zitronensaft und Pfefferkörner in einem kleinen Glas mit dicht schließendem Deckel vermischen. Abdecken

und kräftig schütteln, um alles zu vermischen. Über den Tomaten-Wassermelonen-Salat träufeln. Bei Zimmertemperatur servieren.

*Hinweis: Für eine Chiffonade die Basilikumblätter übereinander stapeln und fest aufrollen. Die Rolle in dünne Scheiben schneiden, dann das Basilikum in dünne Streifen teilen.

ROSENKOHL-APFEL-SALAT

VORBEREITUNG:10 Minuten stehen lassen: 10 Minuten ergeben: 6 PortionenFOTO

GRANATÄPFEL HABEN IM HERBST UND WINTER SAISON.SIE KÖNNEN DIE FRÜCHTE IM GANZEN KAUFEN UND DIE KERNE EXTRAHIEREN. ODER SUCHEN SIE EINFACH NACH DEN SAMEN – AUCH ARILLEN GENANNT – IN KLEINEN KÜBELN IN DER OBST- UND GEMÜSEABTEILUNG. WENN GRANATÄPFEL KEINE SAISON HABEN, SUCHEN SIE NACH UNGESÜßTEN GEFRIERGETROCKNETEN KERNEN, UM DIESEM SALAT MEHR KNUSPRIGKEIT UND FARBE ZU VERLEIHEN.

12 Unzen Rosenkohl, abgeschnitten und verfärbte Blätter entfernt

1 Fuji- oder Pink-Lady-Apfel, entkernt und geviertelt

½ Tasse helle Zitrusvinaigrette (sieheRezept)

⅓ Tasse Granatapfelkerne

⅓ Tasse getrocknete Preiselbeeren, Johannisbeeren oder Kirschen ohne Zuckerzusatz

⅓ Tasse gehackte Walnüsse, geröstet (sieheTipp)

1. Den Rosenkohl und den Apfel in einer Küchenmaschine mit Schneidmesser in Scheiben schneiden.

2. Rosenkohl und Apfel in eine große Rührschüssel geben. Mit heller Zitrusvinaigrette beträufeln; Zum Mischen werfen. 10 Minuten stehen lassen, dabei gelegentlich umrühren. Granatapfelkerne und Preiselbeeren unterrühren. Mit Walnüssen belegen; sofort servieren.

GEHOBELTER ROSENKOHLSALAT

ANFANG BIS ENDE: 15 Minuten ergeben: 6 Portionen

MEYER-ZITRONEN SIND EINE KREUZUNG ZWISCHEN EINER ZITRONE UND EINER ORANGE. SIE SIND KLEINER ALS NORMALE ZITRONEN UND IHR SAFT IST SÜßER UND NICHT SO SAUER. SIE SIND IN DEN LETZTEN JAHREN VIEL EINFACHER ZU FINDEN, ABER WENN SIE SIE NICHT FINDEN KÖNNEN, FUNKTIONIEREN NORMALE ZITRONEN GANZ GUT.

1 Pfund Rosenkohl, abgeschnitten und verfärbte Blätter entfernt

1 Tasse grob gehackte Walnüsse, geröstet (siehe Tipp)

⅓ Tasse frischer Meyer-Zitronensaft oder normaler Zitronensaft

⅓ Tasse Walnussöl oder Olivenöl

1 Knoblauchzehe, gehackt

¼ Teelöffel frisch gemahlener schwarzer Pfeffer

1. Den Rosenkohl in einer Küchenmaschine mit Schneidemesser in sehr dünne Scheiben schneiden. Sprossen in eine große Schüssel geben; geröstete Walnüsse hinzufügen.

2. Für das Dressing Zitronensaft, Öl, Knoblauch und Pfeffer in einer kleinen Schüssel verrühren. Über den Salat gießen und vermischen.

MEXIKANISCHER KRAUTSALAT

VORBEREITUNG:20 Minuten Standzeit: 2 bis 4 Stunden ergibt: 4 Portionen

ES GIBT EIN PAAR CONVENIENCE-PRODUKTEDIE IN DIE PALEO-DIÄT® INTEGRIERT WERDEN KÖNNEN – UND ABGEPACKTER BROKKOLI-KRAUTSALAT IST EINER DAVON. DIE HÄUFIGSTE SORTE IST EINE MISCHUNG AUS GERIEBENEM BROKKOLI, KAROTTEN UND ROTKOHL. WENN DIES DIE EINZIGEN ZUTATEN AUF DEM ETIKETT SIND, KÖNNEN SIE DIESE GERNE VERWENDEN. ES KANN IHNEN ZEIT SPAREN – UND WIR ALLE KÖNNEN MEHR DAVON NUTZEN.

1 kleine rote Zwiebel, halbiert und in dünne Scheiben geschnitten

¼ Tasse Apfelessig

1½ Tassen geriebener Brokkoli (verpackter Brokkoli-Krautsalat)

½ Tasse sehr dünne, mundgerechte Streifen geschälter Jicama

½ Tasse Kirsch- oder Traubentomaten, halbiert

2 Esslöffel geschnittener frischer Koriander

2 Esslöffel Avocadoöl

1 Teelöffel mexikanisches Gewürz (sieheRezept)

1 mittelgroße Avocado, halbiert, entkernt, geschält und gehackt

1. In einer kleinen Schüssel rote Zwiebeln und Essig vermischen. Zum Überziehen wenden. Drücken Sie die Zwiebelscheiben mit der Rückseite einer Gabel nach unten. Abdecken und 2 bis 4 Stunden bei Zimmertemperatur stehen lassen, dabei gelegentlich umrühren.

2. In einer großen Schüssel Brokkoli, Jicama und Tomaten vermischen. Gib die Zwiebel mit einem Schaumlöffel in die Schüssel mit der Brokkoli-Mischung und bewahre den Essig auf. Zum Kombinieren umrühren.

3. Für das Dressing 3 Esslöffel des reservierten Essigs in eine Schüssel geben (den restlichen Essig wegwerfen). Koriander, Avocadoöl und mexikanische Gewürze unterrühren. Über die Brokkoli-Mischung träufeln und umrühren.

4. Avocado vorsichtig unterrühren; sofort servieren.

FENCHEL-KRAUTSALAT

ANFANG BIS ENDE: 20 Minuten ergeben: 4 bis 6 Portionen

ESTRAGON UND FENCHEL ENTHALTEN ANISODER LAKRITZGESCHMACK. WENN SIE LIEBER ETWAS WENIGER DAVON HABEN MÖCHTEN, ERSETZEN SIE DEN ESTRAGON DURCH GEHACKTE FRISCHE PETERSILIE.

2 kleine Fenchelknollen, Enden abgeschnitten und quer in sehr dünne Scheiben geschnitten*

2 Stangen Sellerie, schräg in sehr dünne Scheiben geschnitten

1 mittelgroßer Apfel mit roter Schale, z. B. Gala oder Honeycrisp, julienned

¼ Tasse Olivenöl

3 Esslöffel Champagneressig oder Weißweinessig

¼ Teelöffel schwarzer Pfeffer

2 bis 3 Esslöffel geschnittener frischer Estragon

1. Für den Krautsalat Fenchel, Sellerie und Apfel in einer großen Schüssel vermengen. beiseite legen.

2. Für das Dressing in einer kleinen Schüssel Olivenöl, Essig und schwarzen Pfeffer vermischen. Über den Krautsalat gießen; Zum Kombinieren werfen. Mit Estragon bestreuen und nochmals vermengen.

*Tipp: Um den Fenchel in sehr dünne Scheiben zu schneiden, verwenden Sie eine Mandoline. Ein Julienne-Schäler oder -Hobel ist hilfreich, um den Apfel in Julienne-Streifen zu schneiden.

CREMIGER KAROTTEN-KOHLRABI-KRAUTSALAT

VORBEREITUNG: 20 Minuten kalt stellen: 4 bis 6 Stunden ergibt: 4 Portionen

KOHLRABI SCHEINT IN DER GLEICHEN LAGE ZU SEIN VOR EIN PAAR JAHREN STAND ROSENKOHL KURZ VOR EINER RENAISSANCE, DANK INNOVATIVER KÖCHE UND GESUNDHEITSBEWUSSTER ESSER ÜBERALL. DIESER KNOLLIGE VERWANDTE DES KOHLS IST KNACKIG UND SAFTIG UND KANN ROH ODER GEKOCHT GEGESSEN WERDEN. HIER WIRD ES ZERKLEINERT UND ZU EINEM KNUSPRIGEN KRAUTSALAT VERARBEITET, ABER ES SCHMECKT AUCH WUNDERBAR MIT SELLERIE ODER KAROTTEN GEKOCHT UND PÜRIERT – ODER SOGAR IN DICKE STIFTE WIE POMMES FRITES GESCHNITTEN, IN OLIVENÖL FRITTIERT UND MIT DER MISCHUNG IHRER WAHL GEWÜRZT (SIEHE) "GEWÜRZMISCHUNGEN").

½ Tasse Paleo Mayo (siehe Rezept)

2 Esslöffel Apfelessig

½ Teelöffel Selleriesamen

½ Teelöffel Paprika

½ Teelöffel schwarzer Pfeffer

2 Pfund kleiner bis mittelgroßer Kohlrabi, geschält und grob zerkleinert

3 mittelgroße Karotten, grob geraspelt

1 rote Paprika, halbiert, entkernt und in sehr dünne Scheiben geschnitten

Geschnittene frische Petersilie (optional)

1. In einer großen Schüssel Paleo Mayo, Essig, Selleriesamen, Paprika und Pfeffer verrühren. Kohlrabi, Karotten und Paprika vorsichtig unterheben.

2. Abdecken und 4 bis 6 Stunden kalt stellen. Vor dem Servieren gut umrühren. Nach Belieben mit Petersilie bestreuen.

GEWÜRZTER KAROTTENSALAT

ANFANG BIS ENDE: 20 Minuten ergeben: 4 Portionen FOTO

DIESER NORDAFRIKANISCH INSPIRIERTE KAROTTENSALATDIE ZUBEREITUNG KÖNNTE NICHT EINFACHER SEIN, ABER DIE AROMEN UND TEXTUREN SIND KOMPLEX UND WUNDERBAR. PROBIEREN SIE ES MIT BRATHÄHNCHEN MIT SAFRAN UND ZITRONE (SIEHE REZEPT) ODER FRANZÖSISCHE LAMMKOTELETTS MIT GRANATAPFEL-DATTEL-CHUTNEY (SIEHE REZEPT).

¼ Tasse geschnittene frische Petersilie

½ Teelöffel fein geriebene Zitronenschale

¼ Tasse frischer Zitronensaft

2 Esslöffel Olivenöl

¼ Teelöffel gemahlener Kreuzkümmel

¼ Teelöffel gemahlener Zimt

¼ Teelöffel geräuchertes Paprikapulver

¼ Teelöffel zerstoßener roter Pfeffer

2 Tassen grob geraspelte Karotten

½ Tasse gehackte, entkernte ungesüßte Datteln

¼ Tasse geschnittene Frühlingszwiebeln

¼ Tasse gehackte rohe ungesalzene Pistazien

1. In einer großen Schüssel Petersilie, Zitronenschale, Zitronensaft, Olivenöl, Kreuzkümmel, Zimt, Paprika und zerstoßenen roten Pfeffer vermischen. Fügen Sie die Karotten, Datteln und Frühlingszwiebeln hinzu; Mit dem Dressing bestreichen.

2. Kurz vor dem Servieren den Krautsalat mit den Pistazien bestreuen.

RUCOLA PESTO

ANFANG BIS ENDE: 15 MINUTEN ERGIBT: ¾ TASSE

2 Tassen dicht gepackte Rucolablätter

⅓ Tasse Walnüsse, geröstet*

1 Esslöffel fein zerkleinerte Zitronenschale (von 2 Zitronen)

1 Knoblauchzehe

½ Tasse Walnussöl

¼ bis ½ Teelöffel schwarzer Pfeffer

1. In einer Küchenmaschine Rucola, Walnüsse, Zitronenschale und Knoblauch vermischen. Pulsieren, bis es grob gehackt ist. Gießen Sie das Walnussöl bei laufendem Prozessor in einem dünnen Strahl in die Schüssel. Pfeffern.

2. Sofort verwenden oder in die gewünschten Portionen aufteilen und in dicht verschlossenen Behältern bis zu 3 Monate einfrieren.

*Tipp: Um Nüsse zu rösten, verteilen Sie sie in einer einzigen Schicht auf einem Backblech mit Rand. Im Ofen bei 180 °C 5 bis 10 Minuten lang backen oder bis es leicht geröstet ist, dabei die Nüsse umrühren oder die Pfanne ein- oder zweimal schütteln. Vor der Verwendung vollständig abkühlen lassen.

BASILIKUMPESTO

ANFANG BIS ENDE: 15 MINUTEN ERGIBT: 1½ TASSEN

2 Tassen verpackte frische Basilikumblätter

1 Tasse frische glatte Petersilie

3 Knoblauchzehen

½ Tasse Pinienkerne, geröstet (siehe Tipp, über)

1 Tasse Olivenöl

¼ Teelöffel frisch gemahlener schwarzer Pfeffer

1. In einer Küchenmaschine Basilikum, Petersilie, Knoblauch und Pinienkerne vermischen. Pulsieren, bis es grob gehackt ist. Gießen Sie das Olivenöl bei laufendem Prozessor in einem dünnen Strahl in die Schüssel. Pfeffern.

2. Sofort verwenden oder in den gewünschten Portionen bis zu 3 Monate lang in dicht verschlossenen Behältern einfrieren.

CILANTRO PESTO

ANFANG BIS ENDE: 15 MINUTEN ERGIBT: ¾ TASSE

2 Tassen leicht verpackte frische Korianderblätter

⅓ Tasse Pekannusshälften, geröstet (siehe Tipp, über)

1 Esslöffel fein zerkleinerte Orangenschale (von 1 großen Orange)

1 Knoblauchzehe

½ Tasse Avocadoöl

⅛ Teelöffel Cayennepfeffer

1. In einer Küchenmaschine Koriander, Pekannüsse, Orangenschale und Knoblauch vermischen. Pulsieren, bis es grob gehackt ist. Gießen Sie bei laufendem Prozessor das Avocadoöl in einem dünnen Strahl in die Schüssel. Mit Cayennepfeffer würzen.

2. Sofort verwenden oder in den gewünschten Portionen bis zu 3 Monate lang in dicht verschlossenen Behältern einfrieren.

SALAT SOßE

EINE DER EINFACHSTEN ARTEN, PALEO ZU ESSEN, BESTEHT DARIN, EIN STÜCK FLEISCH ZU GRILLEN ODER ZU BRATEN UND ES MIT EINEM GROßEN SALAT ZU SERVIEREN. KOMMERZIELL ABGEFÜLLTE DRESSINGS SIND MIT SALZ, ZUCKER UND ZUSATZSTOFFEN BELADEN. BEI DEN FOLGENDEN DRESSINGS DREHT SICH ALLES UM FRISCHE UND GESCHMACK. BEWAHREN SIE RESTE BIS ZU DREI TAGE IM KÜHLSCHRANK AUF – ODER VERWENDEN SIE EINE VINAIGRETTE ALS MARINADE.

[Helle Zitrusvinaigrette](#)|[Klassische französische Vinaigrette](#)|[Mango-Limetten-Salatdressing](#)|[Geröstete Knoblauchvinaigrette](#)|[Geröstetes Pinienkern-Dressing](#)

HELLE ZITRUSVINAIGRETTE

ANFANG BIS ENDE: 20 Minuten ergeben: etwa 2 Tassen

¼ Tasse gehackte Schalotten

2 Teelöffel fein zerkleinerte Orangenschale

2 Teelöffel fein geriebene Zitronenschale

2 Teelöffel fein zerkleinerte Limettenschale

½ Tasse frischer Orangensaft

¼ Tasse frischer Zitronensaft

¼ Tasse frischer Limettensaft

2 Esslöffel Dijon-Senf (siehe Rezept) oder 1 Teelöffel trockener Senf

⅔ Tasse Olivenöl

¼ Tasse fein geschnittene frische Petersilie, Schnittlauch, Estragon oder Basilikum

½ bis 1 Teelöffel schwarzer Pfeffer

1. In einer mittelgroßen Schüssel Schalotten, Zitrusschalen, Zitrussäfte und Dijon-Senf verrühren. 3 Minuten stehen lassen. Das Olivenöl langsam einrühren, bis es emulgiert ist. Kräuter und Pfeffer unterrühren.

KLASSISCHE FRANZÖSISCHE VINAIGRETTE

VORBEREITUNG:5 Minuten stehen lassen: 15 Minuten ergeben: etwa 1¼ Tassen

6 Esslöffel frischer Zitronensaft

3 Schalotten, geschält und gehackt

1½ Esslöffel Dijon-Senf (siehe Rezept)

1 Tasse Olivenöl

1 Esslöffel fein geschnittener Schnittlauch (optional)

1 Esslöffel fein geschnittene italienische (glattblättrige) Petersilie (optional)

2 Teelöffel fein geschnittener frischer Estragon (optional)

1. In einer mittelgroßen Schüssel Zitronensaft und Schalotten vermischen. 15 Minuten stehen lassen.

2. Dijon-Senf unterrühren. Olivenöl langsam in einem sehr dünnen Strahl unterrühren, bis die Mischung eindickt und emulgiert. Vinaigrette abschmecken. Wenn es zu scharf ist, nach Wunsch zusätzlichen Dijon-Senf oder Olivenöl hinzufügen.

3. Bei Bedarf vor dem Servieren Kräuter unterrühren. Wenn Sie Salatblätter mit Vinaigrette anrichten, geben Sie frisch gemahlenen schwarzen Pfeffer in die Schüssel und vermengen Sie ihn. Bewahren Sie die Vinaigrette in einem gut verschlossenen Behälter im Kühlschrank bis zu 1 Woche auf.

MANGO-LIMETTEN-SALATDRESSING

ANFANG BIS ENDE: 10 Minuten ergeben: etwa 1 Tasse

1 kleine reife Mango, geschält, entkernt und grob gehackt

3 Esslöffel Walnuss- oder Kokosöl

1 Teelöffel fein zerkleinerte Limettenschale

2 Esslöffel frischer Limettensaft

2 Teelöffel geriebener frischer Ingwer

Prise Cayennepfeffer

1 Esslöffel Wasser (optional)

1. In einer Küchenmaschine oder einem Mixer Mango, Walnussöl, Limettenschale, Limettensaft, Ingwer und Cayennepfeffer vermischen. Abdecken und verarbeiten oder mixen, bis eine glatte Masse entsteht. Bei Bedarf das Dressing mit Wasser auf die gewünschte Konsistenz verdünnen. Abdecken und bis zu 1 Woche im Kühlschrank aufbewahren. Wenn Sie Kokosöl verwenden, bringen Sie das Dressing vor der Verwendung auf Zimmertemperatur.

GERÖSTETE KNOBLAUCHVINAIGRETTE

VORBEREITUNG: 5 Minuten rösten: 30 Minuten stehen lassen: 2 Stunden 5 Minuten ergibt: etwa 1¼ Tassen

1 mittelgroße Knoblauchknolle

¾ Tasse Olivenöl

¼ Tasse frischer Zitronensaft

1 Teelöffel getrockneter griechischer Oregano, zerstoßen

1. Ofen auf 400 °F vorheizen. Schneiden Sie ¼ Zoll vom schmalen Ende der Knoblauchknolle ab; Mit 1 Teelöffel Olivenöl beträufeln. Knoblauch in Folie einwickeln. 30 bis 35 Minuten rösten, bis der Knoblauch goldbraun und sehr weich ist. Cool; Drehen Sie es um und drücken Sie die Knoblauchzehen aus der Knolle in eine kleine Schüssel. Zu einer glatten Paste zerstampfen.

2. In einer mittelgroßen Schüssel Zitronensaft und Oregano vermischen. 5 Minuten stehen lassen. Restliches Olivenöl unterrühren. Gerösteten Knoblauch unterrühren. Lassen Sie die Vinaigrette zwei Stunden lang bei Raumtemperatur stehen, bevor Sie sie verwenden oder in den Kühlschrank stellen. Im Kühlschrank bis zu 1 Woche lagern.

GERÖSTETES PINIENKERN-DRESSING

VORBEREITUNG: 10 Minuten ergeben: etwa 1 Tasse

⅔ Tasse Pinienkerne (4 Unzen), geröstet (siehe Tipp)

1 Teelöffel Olivenöl

½ Tasse Wasser

¼ Tasse frischer Zitronensaft

1 Knoblauchzehe, gehackt

¼ Teelöffel geräuchertes Paprikapulver

⅛ Teelöffel Cayennepfeffer

1. In einem Mixer oder einer Küchenmaschine Pinienkerne und Olivenöl vermischen. Abdecken und mixen oder verarbeiten, bis eine glatte Masse entsteht. Wasser, Zitronensaft, Knoblauch, Paprika und Cayennepfeffer hinzufügen. Abdecken und mixen oder verarbeiten, bis eine glatte Masse entsteht.

GEWÜRZE

KETCHUP, SENF UND MAYONNAISE WERDEN NICHT NUR ALLEIN ALS AUFSTRICH UND DIP GESCHÄTZT, SONDERN SIND AUCH ALS AROMASTOFFE UND BINDEMITTEL WICHTIGE BESTANDTEILE IN REZEPTEN – DOCH SALZ, ZUCKER UND KONSERVIERUNGSSTOFFE IN KOMMERZIELL HERGESTELLTEN GEWÜRZEN HABEN IM REAL KEINEN PLATZ PALEO-DIÄT®. DIE FOLGENDEN VERSIONEN SIND PERFEKT PALÄO UND VOLLER GESCHMACK. KEIN SOMMER WÄRE KOMPLETT OHNE EINEN GARTENGRILL UND ETWAS RAUCHIGES GRILLFLEISCH, DESHALB HABEN WIR AUCH EINE SALZ- UND ZUCKERFREIE BBQ-SAUCE HINZUGEFÜGT. HARISSA IST EINE FEURIGE SAUCE AUS TUNESIEN. CHIMICHURRI IST EINE WÜRZIGE KRÄUTERSAUCE AUS ARGENTINIEN.

<u>Senf nach Dijon-Art|Harissa|Paläo-Ketchup|Grillsoße|Chimichurri Sauce|Paleo Mayo</u>

SENF NACH DIJON-ART

VORBEREITUNG: 10 Minuten Standzeit: 48 Stunden ergibt: 1¾ Tassen

¾ Tasse braune Senfkörner

¾ Tasse ungesüßter Apfelsaft oder Apfelwein

¼ Tasse Weißweinessig

¼ Tasse trockener Weißwein oder Wasser

½ Teelöffel Kurkuma

1 bis 2 Esslöffel Wasser

1. In einer Glasschüssel Senfkörner, Apfelsaft, Essig, Wein und Kurkuma verrühren. Gut abdecken und 48 Stunden bei Zimmertemperatur stehen lassen.

2. Geben Sie die Mischung in einen Hochleistungsmixer.* Abdecken und mixen, bis eine glatte Masse entsteht. Fügen Sie dabei so viel Wasser hinzu, bis die gewünschte Konsistenz erreicht ist. Wenn sich Luftblasen bilden, stoppen Sie und rühren Sie die Mischung um. Für eine glattere Konsistenz den fertigen Senf durch ein feinmaschiges Sieb drücken.

3. Sofort verwenden oder im Kühlschrank in einem dicht verschlossenen Behälter bis zu 1 Monat aufbewahren. (Der Geschmack wird mit der Lagerung milder.)

*Hinweis: Sie können einen normalen Mixer verwenden und mit hoher Geschwindigkeit verarbeiten. Die Textur des Senfs wird nicht so glatt sein.

HARISSA

VORBEREITUNG:20 Minuten stehen lassen: 20 Minuten ergeben: etwa 2 Tassen

8 Guajillo-Chilis, entstielt und entkernt (siehe Tipp)

8 Ancho-Chilis, entstielt und entkernt (siehe Tipp)

½ Teelöffel Kümmel

¼ Teelöffel Koriandersamen

¼ Teelöffel Kreuzkümmel

1 Teelöffel getrocknete Minze

¼ Tasse frischer Zitronensaft

3 Esslöffel Olivenöl

5 Knoblauchzehen

1. Guajillo- und Ancho-Chilis in eine große Schüssel geben. Fügen Sie so viel kochendes Wasser hinzu, dass die Paprika bedeckt sind. 20 Minuten stehen lassen oder bis es weich ist.

2. In einer kleinen Pfanne Kümmel, Koriandersamen und Kreuzkümmel vermengen. Die Gewürze bei mittlerer Hitze 4 bis 5 Minuten rösten, bis ein starker Duft entsteht, dabei die Pfanne häufig schütteln. Abkühlen lassen. Geröstete Samen in eine Gewürzmühle geben; Minze hinzufügen. Zu einem Pulver zermahlen. Beiseite legen.

3. Chilis abtropfen lassen; Geben Sie die Chilis in eine Küchenmaschine. Gemahlene Gewürze, Zitronensaft, Olivenöl und Knoblauch hinzufügen. Abdecken und glatt rühren. In ein dicht

verschlossenes Glas oder einen nicht reaktiven Behälter umfüllen. Im Kühlschrank bis zu 1 Monat lagern.

PALÄO-KETCHUP

VORBEREITUNG:10 Minuten stehen lassen: 10 Minuten kochen: 20 Minuten abkühlen: 30 Minuten ergibt: etwa 3½ Tassen

½ Tasse Rosinen

1 28-Unzen-Dose Tomatenpüree ohne Salzzusatz

½ Tasse Apfelessig

1 kleine Zwiebel, gehackt

1 Knoblauchzehe, gehackt

¼ Teelöffel gemahlener Piment

¼ Teelöffel gemahlener Zimt

⅛ Teelöffel gemahlene Muskatblüte

⅛ Teelöffel gemahlene Nelken

⅛ Teelöffel Cayennepfeffer

⅛ Teelöffel schwarzer Pfeffer

1. In einer kleinen Schüssel die Rosinen mit kochendem Wasser bedecken. 10 Minuten stehen lassen; Abfluss.

2. In einem mittelgroßen Topf Rosinen, Tomatenpüree, Essig, Zwiebeln, Knoblauch, Piment, Zimt, Muskatblüte, Nelken, Cayennepfeffer und schwarzen Pfeffer vermischen. Zum Kochen bringen; Hitze reduzieren. Ohne Deckel 20 bis 25 Minuten köcheln lassen oder bis die Zwiebeln weich sind, dabei häufig umrühren, damit die Mischung nicht anbrennt. (Vorsicht, die Mischung spritzt beim Kochen.)

3. Vom Herd nehmen. Etwa 30 Minuten abkühlen lassen oder bis es nur noch leicht warm ist. In einen Hochleistungsmixer* oder eine Küchenmaschine geben. Abdecken und bis zur gewünschten Konsistenz verarbeiten oder mixen.

4. Auf zwei saubere Pint-Gläser verteilen. Sofort verwenden oder bis zu 2 Monate einfrieren. Im Kühlschrank bis zu 1 Monat lagern.

*Hinweis: Sie können einen normalen Mixer verwenden, die Konsistenz wird jedoch nicht so glatt sein.

GRILLSOßE

ANFANG BIS ENDE: 45 Minuten ergeben: etwa 4 Tassen

2 Pfund reife Roma-Tomaten, der Länge nach geviertelt und entkernt

1 große süße Zwiebel, in dünne Spalten geschnitten

1 rote Paprika, halbiert und entkernt

2 Poblano-Paprikaschoten, halbiert und entkernt (sieheTipp)

2 Teelöffel Rauchgewürz (sieheRezept)

2 Esslöffel Olivenöl

½ Tasse frischer Orangensaft

⅓ Tasse Rosinen

3 Esslöffel Apfelessig

2 Esslöffel Tomatenmark

1 Esslöffel gehackter Knoblauch

⅛ Teelöffel gemahlene Nelken

1. In einer extragroßen Schüssel Tomaten, Zwiebeln, Paprika, Poblano-Paprika, Smoky Seasoning und Olivenöl vermischen. Gemüse in einen Grillkorb legen. Für einen Holzkohle- oder Gasgrill stellen Sie den Grillkorb direkt bei mittlerer Hitze auf einen Grillrost. Abdecken und 20 bis 25 Minuten grillen oder bis es sehr zart und verkohlt ist, dabei gelegentlich umrühren; Vom Grill nehmen und etwas abkühlen lassen.

2. In einem kleinen Topf Orangensaft erhitzen, bis er köchelt. Den Topf vom Herd nehmen und die Rosinen hinzufügen; 10 Minuten stehen lassen.

3. In einer Küchenmaschine oder einem Mixer das gegrillte Gemüse, die Rosinenmischung, den Essig, das Tomatenmark, den Knoblauch und die Nelken vermischen. Abdecken und verarbeiten oder mixen, bis es sehr glatt ist, dabei die Seiten nach Bedarf abkratzen. Gemüsemischung in einen großen Topf geben. Zum Kochen bringen; bis zur gewünschten Konsistenz kochen.

CHIMICHURRI SAUCE

ANFANG BIS ENDE: 20 Minuten ergeben: etwa 2 Tassen

2 Tassen leicht verpackte frische italienische (glattblättrige) Petersilie

2 Tassen leicht gepackter Koriander

½ Tasse leicht gepackte Minze

½ Tasse gehackte Schalotten

1 Esslöffel gehackter Knoblauch (6 Zehen)

⅓ Tasse Rotweinessig

2 getrocknete, ungeschwefelte Aprikosen, fein gehackt

⅛ Teelöffel zerstoßener roter Pfeffer

¾ Tasse Olivenöl

1. In einer Küchenmaschine oder einem Mixer alle Zutaten vermischen. Abdecken und mixen oder verarbeiten, bis die Zutaten fein gehackt und vermischt sind, dabei bei Bedarf die Seiten abkratzen.

PALEO MAYO

VORBEREITUNG: 45 Minuten stehen lassen: 45 Minuten ergibt: 3½ Tassen

1 großes oder extragroßes Ei
1 Esslöffel frischer Zitronensaft oder Weißweinessig
½ Teelöffel trockener Senf
1 Tasse Walnuss-, Avocado- oder Olivenöl, zimmerwarm*

1. Das Ei 30 Minuten bei Zimmertemperatur stehen lassen.

2. Schlagen Sie das Ei in ein hohes, schmales Glasgefäß auf (ein Pint-Einmachglas mit weiter Öffnung eignet sich gut). Zitronensaft und trockenen Senf hinzufügen.

3. Öl vorsichtig einfüllen. Lassen Sie das Ei auf dem Boden des Glases unter dem Öl absinken.

4. Setzen Sie einen Stabmixer ein und schieben Sie ihn bis zum Boden des Glases. Schalten Sie den Strom hoch und lassen Sie ihn 20 Sekunden lang laufen, ohne ihn zu bewegen. Die Mayonnaise beginnt sich zu formen und steigt zum oberen Rand des Glases auf. Beginnen Sie langsam, den Mixer anzuheben, bis er den oberen Rand des Glases erreicht. Mayonnaise sofort verwenden oder bis zu 1 Woche im Kühlschrank aufbewahren.

Paleo Aïoli (Knoblauch-Mayo): Fügen Sie in Schritt 2 1 gehackte Knoblauchzehe mit Zitronensaft und Senf hinzu.

Kräuter-Paleo-Mayo: 2 Esslöffel geschnittene frische Kräuter unter die fertige Mayonnaise heben. Eine gute Wahl sind Schnittlauch,

Petersilie, Estragon und Basilikum – allein oder in beliebiger Kombination.

Wasabi Paleo Mayo: Fügen Sie in Schritt 2 1 Teelöffel natürliches, konservierungsmittelfreies Wasabi-Pulver mit dem Zitronensaft und Senf hinzu.

Chipotle Paleo Mayo: Fügen Sie in Schritt 2 2 bis 3 Teelöffel Chipotle-Pulver mit Zitronensaft und Senf hinzu.

*Hinweis: Wenn Sie natives Olivenöl extra verwenden, kommt der Olivengeschmack in der Mayonnaise zum Vorschein. Für einen milderen Geschmack verwenden Sie Walnuss- oder Avocadoöl.

GEWÜRZMISCHUNGEN

DIESE VIELSEITIGEN MISCHUNGEN SIND VÖLLIG SALZFREI UND BIETEN EINE GROßE AUSWAHL AN GESCHMACKSRICHTUNGEN.

Zitronen-Kräuter-Gewürz|Mediterranes Gewürz|Mexikanisches Gewürz|Rauchiges Gewürz|Cajun Gewürz|Jamaikanisches Jerk-Gewürz

ZITRONEN-KRÄUTER-GEWÜRZ

ANFANG BIS ENDE: 5 Minuten ergeben: etwa ½ Tasse

6 Esslöffel getrocknete Zitronenschale

1 Esslöffel Kräuter der Provence

2 Teelöffel Zwiebelpulver

1 Teelöffel schwarzer Pfeffer

1. In einer kleinen Schüssel Zitronenschale, Kräuter der Provence, Zwiebelpulver und Pfeffer vermischen. In einem luftdichten Behälter bei Raumtemperatur bis zu 6 Monate lagern. Vor Gebrauch umrühren oder schütteln.

MEDITERRANES GEWÜRZ

ANFANG BIS ENDE: 10 Minuten ergeben: etwa ⅓ Tasse

2 Teelöffel Fenchelsamen

1 Teelöffel getrockneter Rosmarin

1 Esslöffel getrockneter Oregano

1 Esslöffel getrockneter Thymian

2 Teelöffel konservierungsmittelfreier granulierter Knoblauch

1 Teelöffel getrocknete Zitronenschale

1. In einer trockenen kleinen Pfanne Fenchelsamen bei mittlerer bis niedriger Hitze 1 bis 2 Minuten lang rösten oder bis sie duften, dabei die Pfanne gelegentlich schütteln. Vom Herd nehmen; ca. 2 Minuten abkühlen lassen. Geben Sie die Samen in eine Gewürzmühle. zu einem Pulver mahlen. Rosmarin hinzufügen; mahlen, bis der Rosmarin grob gemahlen ist. Fenchel und Rosmarin in eine kleine Schüssel geben. Oregano, Thymian, Knoblauch und Zitronenschale unterrühren. In einem luftdichten Behälter bei Raumtemperatur bis zu 6 Monate lagern. Vor Gebrauch umrühren oder schütteln.

MEXIKANISCHES GEWÜRZ

ANFANG BIS ENDE: 5 Minuten ergeben: etwa ¼ Tasse

1 Esslöffel Kreuzkümmelsamen

4 Teelöffel Paprika

1 Esslöffel konservierungsmittelfreier granulierter Knoblauch

1 Teelöffel getrockneter Oregano

½ bis 1 Teelöffel gemahlener Chipotle-Pfeffer oder Cayennepfeffer (optional)

½ Teelöffel gemahlener Zimt

¼ Teelöffel gemahlener Safran

1. In einer trockenen kleinen Pfanne Kreuzkümmelsamen bei mittlerer bis niedriger Hitze 1 bis 2 Minuten lang rösten oder bis sie duften, dabei die Pfanne gelegentlich schütteln. Vom Herd nehmen; ca. 2 Minuten abkühlen lassen. Geben Sie die Samen in eine Gewürzmühle. Den Kreuzkümmel mahlen. Kreuzkümmel in eine kleine Schüssel geben. Paprika, Knoblauch, Oregano, Chipotle-Pfeffer (falls verwendet), Zimt und Safran unterrühren. In einem luftdichten Behälter bei Raumtemperatur bis zu 6 Monate lagern. Vor Gebrauch umrühren oder schütteln.

RAUCHIGES GEWÜRZ

ANFANG BIS ENDE: 5 Minuten ergeben: etwa ½ Tasse

¼ Tasse geräuchertes Paprikapulver

4 Teelöffel getrocknete Orangenschale

2 Teelöffel Knoblauchpulver

1 Teelöffel Zwiebelpulver

1 Teelöffel gemahlene Nelken

1 Teelöffel getrocknetes Basilikum

1. In einer kleinen Schüssel geräuchertes Paprikapulver, Orangenschale, Knoblauchpulver, Zwiebelpulver, Nelken und getrocknetes Basilikum vermengen. In einem luftdichten Behälter bei Raumtemperatur bis zu 6 Monate lagern. Vor Gebrauch umrühren oder schütteln.

CAJUN GEWÜRZ

ANFANG BIS ENDE: 5 Minuten ergeben: etwa ⅓ Tasse

2 Esslöffel Paprika

1 Esslöffel Knoblauchpulver

1 Esslöffel Zwiebelpulver

2 Teelöffel getrockneter Thymian, zerstoßen

2 Teelöffel weißer Pfeffer

1½ Teelöffel schwarzer Pfeffer

1 Teelöffel Cayennepfeffer

1 Teelöffel getrockneter Oregano, zerstoßen

1. In einer kleinen Schüssel Paprika, Knoblauchpulver, Zwiebelpulver, Thymian, weißen Pfeffer, schwarzen Pfeffer, Cayennepfeffer und Oregano vermischen. In einem luftdichten Behälter bis zu 6 Monate lagern. Vor Gebrauch umrühren oder schütteln.

JAMAIKANISCHES JERK-GEWÜRZ

ANFANG BIS ENDE: 5 Minuten ergeben: etwa ¼ Tasse

1 Esslöffel Zwiebelpulver

1 Esslöffel getrockneter Thymian, zerstoßen

1½ Teelöffel gemahlener Piment

1 Teelöffel schwarzer Pfeffer

½ Teelöffel gemahlene Muskatnuss

½ Teelöffel gemahlener Zimt

½ Teelöffel gemahlene Nelken

¼ Teelöffel Cayennepfeffer

1. In einer kleinen Schüssel Zwiebelpulver, Thymian, Piment, schwarzen Pfeffer, Muskatnuss, Zimt, Nelken und Cayennepfeffer verrühren. In einem luftdichten Behälter an einem kühlen, trockenen Ort bis zu 6 Monate lagern. Vor Gebrauch umrühren oder schütteln.

ZITRUS-FENCHEL-SALSA

ANFANG BIS ENDE: 20 Minuten ergeben: etwa 3½ Tassen

- 1 Tasse Orangenstücke* oder geschnittene Kumquats (2 kleine Orangen)
- 1 Tasse rote Grapefruitsegmente* (1 bis 2 kleine Grapefruits)
- ¾ Tasse gehobelter Fenchel** (ca. ½ Knolle)
- ½ Tasse Granatapfelkerne oder gewürfelte süße rote Paprika
- ¼ Tasse gehackter frischer Estragon oder Basilikum
- ¼ Tasse gehackte frische Petersilie
- ¼ Teelöffel schwarzer Pfeffer

1. In einer großen Schüssel Orange, Grapefruit, Fenchel, Granatapfelkerne, Estragon, Petersilie und Pfeffer vorsichtig vermengen, bis alles gut vermischt ist. Servieren Sie Salsa zu pochiertem oder gegrilltem Fisch, Meeresfrüchten oder Hühnchen.

*Tipp: Um Zitrusfrüchte zu segmentieren, schneiden Sie die Ober- und Unterseite eines ganzen Fruchtstücks ab. Legen Sie eine Schnittseite auf ein Schneidebrett und schneiden Sie die Schale mit einem Schälmesser ab, wobei Sie der natürlichen Krümmung der Frucht folgen. Nachdem Sie die Schale entfernt haben, halten Sie die Frucht über eine Schüssel und schneiden Sie sie auf beiden Seiten der Membranen auf, um die Segmente in die Schüssel zu geben. Nachdem die Segmente entfernt wurden, drücken Sie die Membran über der Schüssel zusammen, um den Saft zu extrahieren. Entsorgen Sie die Membran.

**Tipp: Um Fenchel zu rasieren, schneiden Sie die Stiele einer Fenchelknolle ab und schneiden Sie die Knolle von oben nach unten in zwei Hälften. Schneiden Sie den dreieckigen Kern aus. Den Fenchel mit einer Mandoline oder einem sehr scharfen Kochmesser so dünn wie möglich schneiden.

KNUSPRIGE AVOCADO-SALSA

ANFANG BIS ENDE: 20 Minuten ergeben: etwa 1½ Tassen

½ Teelöffel fein zerkleinerte Limettenschale

2 Esslöffel frischer Limettensaft

1 Esslöffel Avocadoöl oder Olivenöl

¼ Teelöffel gemahlener Kreuzkümmel (optional)

¼ Teelöffel gemahlener Koriander (optional)

1 Avocado, geschält, entkernt und gewürfelt*

½ Tasse entkernte und gewürfelte englische Gurke

½ Tasse gewürfelte rote Radieschen

¼ Tasse dünn geschnittene Frühlingszwiebeln

¼ Tasse geschnittener frischer Koriander

½ bis 1 Jalapeño- oder Serrano-Chili, entkernt und gehackt (sieheTipp)

1. In einer mittelgroßen Schüssel Limettenschale, Limettensaft, Öl und, falls gewünscht, Kreuzkümmel und Koriander verrühren. Avocado, Gurke, Radieschen, Frühlingszwiebeln, Koriander und Chili hinzufügen. Vorsichtig umrühren, bis alles gleichmäßig bedeckt und vermischt ist.

*Tipp: Um die Avocado sauber zu würfeln, halbieren Sie die Frucht und entkernen Sie sie. Schneiden Sie mit einem kleinen Schälmesser kreuz und quer Linien in das Fruchtfleisch jeder Hälfte bis zur Haut, sodass kleine Quadrate entstehen. Schöpfen Sie das geschnittene Fleisch vorsichtig mit einem Löffel in die Schüssel. Sie sollten kleine Avocadowürfel haben.

SÜßE ZWIEBEL-GURKEN-SALSA MIT MINZE UND THAI-CHILE

VORBEREITUNG: 20 Minuten kalt stellen: 2 Stunden ergibt: etwa 1½ Tassen

½ einer kernlosen Gurke, fein gehackt

1 kleine süße Zwiebel, fein gehackt

1 oder 2 frische Thai-Chilis, gehackt (siehe Tipp) oder getrocknete Thai-Chilis, zerkleinert

¼ Tasse geschnittene frische Minze

½ Teelöffel fein zerkleinerte Limettenschale

2 Esslöffel frischer Limettensaft

2 Esslöffel geschnittener frischer Koriander

½ Teelöffel gemahlener Koriander

1. In einer mittelgroßen Schüssel Gurke, Zwiebel, Chili(s), Minze, Limettenschale, Limettensaft, Koriander und Koriander vermischen. Vorsichtig umrühren und vermengen.

2. Vor dem Servieren abdecken und mindestens 2 Stunden kalt stellen.

GEGRILLTE ANANAS-SALSA VERDE

VORBEREITUNG:15 Minuten Grillen: 5 Minuten ergeben: 4 Tassen

½ einer geschälten und entkernten frischen Ananas

10 frische mittelgroße Tomatillos, geschält und halbiert

½ Tasse gehackte grüne oder rote Paprika

¼ Tasse geschnittener frischer Koriander

3 Esslöffel gehackte rote Zwiebel

2 Esslöffel frischer Limettensaft

1 Jalapeño, entkernt und gehackt (sieheTipp)

1. Schneiden Sie die Ananas in ½-Zoll-Scheiben. Für einen Holzkohle- oder Gasgrill legen Sie die Ananas direkt bei mittlerer Hitze auf einen Grillrost. Abdecken und 5 bis 7 Minuten grillen oder bis die Ananas leicht verkohlt ist, dabei nach der Hälfte der Grillzeit einmal wenden. Ananas vollständig abkühlen lassen. Ananas hacken; Messen Sie 1½ Tassen ab und bewahren Sie den Rest für eine andere Verwendung auf.

2. Die Tomatillos in einer Küchenmaschine mit Hackmesser fein hacken. Gehackte Tomaten in eine mittelgroße Schüssel geben. Paprika, Koriander, Zwiebel, Limettensaft und Jalapeño unterrühren. 1½ Tassen gegrillte Ananas unterrühren. Abdecken und bis zu 3 Tage kalt stellen.

RUBINROTE RÜBENSALSA

VORBEREITUNG:20 Minuten Braten: 45 Minuten Abkühlen: 1 Stunde Abkühlen: 1 Stunde ergibt: etwa 5 Tassen Salsa

1½ Pfund kleine Rüben

2 Teelöffel Olivenöl

1 rubinrote Grapefruit oder 2 Blutorangen, geschnitten (siehe Tipp) und gehackt

½ Tasse Granatapfelkerne

1 kleine Schalotte, fein gehackt

1 Serrano-Chili, entkernt und fein gehackt (siehe Tipp)

½ Tasse geschnittener frischer Koriander

1. Ofen auf 400 °F vorheizen. Von den Rüben die Spitzen und Wurzelenden abschneiden; In die Mitte eines großen Stücks Folie legen. Mit Olivenöl beträufeln. Die Enden der Folie nach oben klappen und zum Verschließen falten. 45 bis 50 Minuten rösten, bis es weich ist. Vollständig abkühlen lassen. Rüben schälen und fein hacken.

2. In einer mittelgroßen Schüssel die gehackten Rüben, Grapefruit, Granatapfelkerne, Schalotte, Koriander und Serrano-Chili vermischen. Vor dem Servieren mindestens 1 Stunde kalt stellen.

CREMES UND BUTTER

OBWOHL DIE PALEO-DIÄT® KEINE MILCHPRODUKTE ENTHÄLT, GIBT ES GELEGENHEITEN, IN DENEN EIN HAUCH VON ETWAS KÜHLEM UND CREMIGEM EINEM REZEPT VIEL VERLEIHT. CASHEWCREME IST DIE LÖSUNG. DAZU WERDEN ROHE, UNGESALZENE CASHEWNÜSSE IN WASSER EINGEWEICHT – AM BESTEN ÜBER NACHT – UND MIT FRISCHEM WASSER IN EINEM MIXER PÜRIERT, BIS EINE SEHR GLATTE KONSISTENZ ENTSTEHT. DAS ERGEBNIS IST UNGLAUBLICH VIELSEITIG. ES KANN MIT LIMETTE UND KORIANDER AUFGEGOSSEN UND ÜBER TACOS GETRÄUFELT ODER MIT ZIMT UND VANILLEEXTRAKT VERRÜHRT UND ALS TOPPING FÜR WARM GERÖSTETE FRÜCHTE VERWENDET WERDEN. DIE PINIENKERNBUTTER IST EIN GUTER ERSATZ FÜR TAHINI IN DRESSINGS UND SAUCEN.

Cashew Creme|Pinienkernbutter

CASHEW CREME

VORBEREITUNG: 5 Minuten stehen lassen: 4 Stunden bis über Nacht

ergeben: etwa 2 Tassen

1 Tasse rohe ungesalzene Cashewnüsse

Wasser

1. Cashewnüsse abspülen; Abtropfen lassen und in eine Schüssel oder ein Glas geben. Fügen Sie so viel Wasser hinzu, dass es etwa 2,5 cm bedeckt ist. Abdecken und mindestens 4 Stunden, am besten über Nacht, bei Zimmertemperatur stehen lassen.

2. Cashewnüsse abtropfen lassen; unter kaltem Wasser abspülen. Cashewnüsse in einen Hochleistungsmixer* geben und 1 Tasse Wasser hinzufügen; Zu einer glatten Masse verarbeiten, dabei die Seiten abkratzen.

3. Bewahren Sie Cashewcreme bis zu 1 Woche in einem luftdichten Behälter im Kühlschrank auf.

*Hinweis: Sie können einen normalen Mixer verwenden und auf höchster Stufe verarbeiten; die Textur der Creme wird nicht so glatt sein.

PINIENKERNBUTTER

ANFANG BIS ENDE: 10 MINUTEN ERGIBT: 1 TASSE

2 Tassen Pinienkerne

3 Esslöffel Avocadoöl

1. In einer großen Pfanne Pinienkerne bei mittlerer Hitze 5 bis 8 Minuten lang oder bis sie goldbraun sind, unter häufigem Rühren rösten. Etwas abkühlen lassen. Nüsse und Öl in einen Hochleistungsmixer geben. Zu einer glatten Masse verarbeiten. In einem luftdichten Behälter im Kühlschrank bis zu 2 Wochen aufbewahren.

MIT SCHOKOLADE ÜBERZOGENE APFELCHIPS

VORBEREITUNG:15 Minuten backen: 2 Stunden stehen lassen: 1 Stunde 30 Minuten ergibt: 6 bis 8 Portionen

HOCHVERARBEITETE SCHOKOLADE VOLLER ZUCKERIST KEINE PALEO-ZUTAT. ABER SCHOKOLADE, DIE NUR AUS KAKAO UND VANILLESCHOTEN BESTEHT, IST DURCHAUS AKZEPTABEL. DIE NATÜRLICHE SÜßE DER FRÜCHTE KOMBINIERT MIT DEM REICHEN GESCHMACK DER SCHOKOLADE MACHEN DIESE KNUSPRIGEN, HAUCHDÜNNEN CHIPS ZU EINEM WAHREN GENUSS.

2 Honeycrisp- oder Fuji-Äpfel, entkernt*

3 Unzen ungesüßte Schokolade, z. B. Scharffen Berger 99 % Kakaoriegel, gehackt

½ Teelöffel unraffiniertes Kokosöl

¼ Tasse fein gehackte Walnüsse oder Pekannüsse, geröstet (sieheTipp)

1. Backofen auf 225 °F vorheizen. Zwei große Backbleche mit Backpapier auslegen; beiseite legen. Äpfel mit einer Mandoline quer in dünne Scheiben schneiden. Apfelscheiben in einer Schicht auf die vorbereiteten Bleche legen. (Sie sollten insgesamt etwa 24 Scheiben haben.) Apfelscheiben 2 Stunden lang backen, dabei nach der Hälfte der Backzeit einmal wenden. Ofen ausschalten; Lassen Sie die Apfelscheiben 30 Minuten im Ofen stehen.

2. In einem kleinen Topf Schokolade und Kokosöl bei schwacher Hitze unter ständigem Rühren erhitzen, bis eine glatte Masse entsteht. Apfelscheiben mit der geschmolzenen Schokolade beträufeln. Mit Nüssen bestreuen. Bei Zimmertemperatur etwa 1 Stunde stehen lassen oder bis die Schokolade fest ist.

*Tipp: Sie können das Kerngehäuse mit einem Gemüsemesser herausschneiden, aber ein Apfelentkerner erleichtert diese Arbeit erheblich.

KLOBIGES APFELMUS IM CHUTNEY-STIL

VORBEREITUNG:15 Minuten kochen: 15 Minuten abkühlen: 5 Minuten ergibt: 4 Portionen

DIE UNTEN AUFGEFÜHRTEN APFELSORTEN SIND IN DER REGEL RECHT SÜßEHER ALS SÄUERLICH UND GELTEN ALS GUTE SOßENÄPFEL. WENN SIE MÖCHTEN, KÖNNEN SIE APFELWEIN UND WASSER DURCH EINE ¾ TASSE GRÜNEN TEE ERSETZEN.

- 5 Äpfel (z. B. Jonathon, Fuji, McIntosh, Braeburn und/oder Yellow Delicious)
- ½ Tasse Apfelwein
- ¼ Tasse Wasser
- 2 Sternanis
- 3 Tassen Rosinen
- 1 Esslöffel Balsamico-Essig
- ½ Teelöffel Apfelkuchengewürz
- ¼ Tasse gehackte Walnüsse oder Pekannüsse, geröstet (sieheTipp)
- ¼ Teelöffel reiner Vanilleextrakt

1. Äpfel schälen und entkernen; in 1-Zoll-Stücke schneiden. In einem großen Topf Apfelstücke, Apfelwein, Wasser und Sternanis vermengen. Bei mittlerer bis hoher Hitze unter häufigem Rühren kurz zum Kochen bringen. Reduzieren Sie die Hitze auf niedrig. Abdecken und 10 Minuten kochen lassen. Rosinen, Essig und Kuchengewürz unterrühren. Abdecken und weitere 5 bis 10

Minuten kochen lassen, bis die Äpfel weich sind. Vom Herd nehmen. Aufdecken und 5 Minuten abkühlen lassen.

2. Sternanis aus der Apfelmischung entfernen. Mit einem Kartoffelstampfer bis zur gewünschten Konsistenz zerstampfen. Nüsse und Vanille unterrühren. Den Apfel warm servieren oder abgedeckt bis zu 5 Tage im Kühlschrank lagern.

GERÖSTETE BIRNEN-CRUMBLE

VORBEREITUNG: 20 Minuten backen: 15 Minuten ergeben: 4 Portionen

DIESES HERBSTLICHE DESSERT IST EINE MISCHUNG VON TEXTUREN UND TEMPERATUREN. WARME UND ZARTE, IM OFEN GERÖSTETE BIRNEN WERDEN MIT EINER KÜHLEN, MIT ORANGEN UND VANILLE ANGEREICHERTEN CASHEWCREME GARNIERT – UND MIT EINER PRISE KNACKIG GEWÜRZTER NÜSSE ABGERUNDET.

2 reife, feste Anjou- oder Bartlett-Birnen, halbiert und entkernt

2 Teelöffel Kokosöl oder Walnussöl

1 Esslöffel Kokosöl oder Walnussöl

¼ Tasse ungesalzene ganze Mandeln, grob gehackt

¼ Tasse ungesalzene Pepitas

¼ Tasse geraspelte Kokosnuss

¼ Teelöffel frisch geriebene Muskatnuss

¼ Tasse Cashewcreme (siehe Rezept)

½ Teelöffel fein zerkleinerte Orangenschale

¼ Teelöffel reiner Vanilleextrakt

Frisch geriebener Muskatnuss

1. Den Ofen auf 375 °F vorheizen. Legen Sie die Birnen mit der Schnittfläche nach oben auf eine Backform. Mit den 2 Teelöffeln Öl beträufeln. Etwa 15 Minuten rösten oder bis es weich ist. Etwas abkühlen lassen.

2. In der Zwischenzeit für die Nussstreusel in einer mittelgroßen Pfanne 1 Esslöffel Öl bei mittlerer Hitze erhitzen. Mandeln und

Pepitas hinzufügen; kochen und 2 Minuten rühren. Kokosnuss hinzufügen; kochen und 1 Minute lang umrühren, bis die Nüsse und die Kokosnuss geröstet sind. Mit ¼ Teelöffel Muskatnuss bestreuen; umrühren und abkühlen lassen.

3. Für die Soße Cashewcreme, Orangenschale und Vanille in einer kleinen Schüssel vermischen. Legen Sie die Birnen auf einzelne Servierteller. Mit zusätzlicher Muskatnuss bestreuen. Birnen mit Soße beträufeln und mit Nussstreuseln bestreuen.

POCHIERTE BIRNEN AUS GRÜNEM TEE UND INGWER MIT ORANGEN-MANGO-PÜREE

VORBEREITUNG:30 Minuten kochen: 10 Minuten ergeben: 8 Portionen

DIESES REZEPT IST EIN GUTES BEISPIELEINES, BEI DEM SIE MIT EINEM HOCHLEISTUNGSMIXER DIE BESTEN ERGEBNISSE ERZIELEN. EIN NORMALER MIXER REICHT VÖLLIG AUS, ABER EIN HOCHLEISTUNGSMIXER MACHT DIE ORANGEN-MANGO-SAUCE GLATT WIE SEIDE.

2 Tassen frischer Orangensaft

2 Tassen Wasser

2 Esslöffel lose grüne Teeblätter oder 3 Beutel grüner Tee

4 mittelgroße Bosc- oder Anjou-Birnen, der Länge nach halbiert und entkernt

2 Esslöffel gehackter frischer Ingwer

2 Teelöffel fein zerkleinerte Orangenschale

2 Mangos, geschält, entkernt und gehackt

Geschnittene frische Minze

1. In einem mittelgroßen Topf Orangensaft und Wasser vermischen. Zum Kochen bringen. Vom Herd nehmen. Den grünen Tee hinzufügen. 8 Minuten ziehen lassen. Die Mischung abseihen und in den Topf zurückgeben. Birnenhälften, Ingwer und 1 Teelöffel Orangenschale hinzufügen. Bringen Sie die Mischung wieder zum Kochen; Hitze reduzieren. Ohne Deckel etwa 10 Minuten köcheln lassen, bis die Birnen weich sind. Mit einem Schaumlöffel die

Birnen herausnehmen und die Pochierflüssigkeit auffangen. Birnen und Flüssigkeit auf Zimmertemperatur abkühlen lassen.

2. In einer Küchenmaschine oder einem Mixer die Mangos, 2 Esslöffel der Pochierflüssigkeit und den restlichen 1 Teelöffel Orangenschale vermischen. Abdecken und verarbeiten oder mixen, bis eine glatte Masse entsteht. Je nach Bedarf mehr Pochierflüssigkeit hinzufügen, jeweils 1 Esslöffel, um die gewünschte Konsistenz zu erreichen.

3. Je 1 Birnenhälfte auf acht Servierteller legen; Über jede Portion etwas Mangopüree geben. Mit gehackter frischer Minze bestreuen.

KAKIS MIT ZIMT-BIRNEN-SAUCE

VORBEREITUNG: 20 Minuten kochen: 10 Minuten ergeben: 4 Portionen

KAKIS HABEN IM ALLGEMEINEN SAISON VON OKTOBER BIS FEBRUAR, JE NACHDEM, WO SIE WOHNEN. KAUFEN SIE UNBEDINGT FUYU-KAKIS, KEINE HACHIYA-KAKIS. DIE SCHALEN VON FUYU-KAKIS KÖNNEN ZÄH SEIN. WENN JA, SCHÄLEN SIE SIE EINFACH MIT EINEM GEMÜSESCHÄLER.

2 reife Bartlett-Birnen, geschält, entkernt und gehackt

⅓ Tasse Wasser

1 Teelöffel frischer Zitronensaft

½ Teelöffel gemahlener Zimt

1 ganze Vanilleschote

3 reife Fuyu-Kakis

⅓ Tasse gehackte Walnüsse, geröstet (siehe Tipp)

⅓ Tasse mit Apfelsaft gesüßte getrocknete Preiselbeeren oder Johannisbeeren

1. In einem kleinen Topf die Birnen, das Wasser, den Zitronensaft und den Zimt vermischen; beiseite legen.

2. Die Vanilleschote der Länge nach halbieren. Bewahren Sie eine Hälfte für eine andere Verwendung auf. Mit der Rückseite eines Schälmessers das Mark von der restlichen Hälfte der Vanilleschote abkratzen und zur Birnenmischung geben.

3. Die Birnenmischung bei mittlerer Hitze 10 bis 15 Minuten kochen oder bis die Birnen sehr weich sind, dabei gelegentlich umrühren. (Die Garzeit hängt davon ab, wie reif Ihre Birnen sind.) Pürieren

Sie die Mischung im Topf mit einem Stabmixer, bis eine glatte Masse entsteht. (Wenn Sie keinen Stabmixer haben, geben Sie die Mischung in einen normalen Mixer; decken Sie sie ab und mixen Sie, bis eine glatte Masse entsteht.) In eine Schüssel geben; abdecken und im Kühlschrank aufbewahren, bis es vollständig abgekühlt ist.

4. Um die Kakis zuzubereiten, schneiden Sie die Stielenden ab und entsorgen Sie sie. Horizontal halbieren und alle Kerne entfernen. Schneiden Sie Kakis in ½-Zoll-Stücke.

5. Zum Servieren das Birnenpüree auf vier Schüsseln verteilen. Mit Kakis, Walnüssen und Preiselbeeren belegen.

GEGRILLTE ANANAS MIT KOKOSCREME

KÜHLEN: 24 Stunden Vorbereitung: 20 Minuten Grillen: 6 Minuten ergibt: 4 Portionen

SIE MÜSSEN IM VORAUS PLANENEIN WENIG, BEVOR SIE DIESES EINFACHE FRUCHTDESSERT ZUBEREITEN. WENN SIE DIE DOSE KOKOSMILCH ÜBER NACHT KOPFÜBER IN DEN KÜHLSCHRANK STELLEN, KÖNNEN SICH DIE FESTSTOFFE DER KOKOSMILCH VERFESTIGEN, SODASS SIE SIE MIT EINEM ELEKTROMIXER SCHLAGEN KÖNNEN, BIS SIE LEICHT UND LOCKER SIND.

1 13,5-Unzen-Dose natürliche Vollfett-Kokosmilch (z. B. Nature's Way)

1 Ananas, geschält, entkernt und in vier 2,5 cm große Ringe geschnitten

Frischer Limettensaft

Geschnittene frische Minze und Minzzweige (optional)

1. Stellen Sie die Dose Kokosmilch mindestens einen Tag lang kopfüber in den Kühlschrank, bevor Sie dieses Gericht servieren möchten.

2. Für einen Holzkohle- oder Gasgrill legen Sie die Ananasringe direkt bei mittlerer Hitze auf einen Grillrost. 6 bis 8 Minuten grillen oder bis es leicht verkohlt ist, dabei nach der Hälfte der Garzeit einmal wenden. Ananas auf eine Platte geben. Limettensaft über die Ananas träufeln.

3. Für Kokoscreme drehen Sie die gekühlte Dose Kokosmilch mit der rechten Seite nach oben und öffnen Sie die Dose. Gießen Sie den flüssigen Teil der Kokosmilch ab und bewahren Sie ihn für die Verwendung in Smoothies oder Soßen auf. Geben Sie die Kokosmilchfeststoffe in eine tiefe Rührschüssel. Mit einem

Elektromixer auf mittlerer Stufe etwa 5 bis 6 Minuten lang schlagen, bis die Masse leicht und locker ist. Die Ananas mit einem Löffel Kokoscreme servieren. Nach Belieben mit gehackter frischer Minze bestreuen und mit frischen Minzzweigen garnieren.

MIT KOKOS-MANGO-MOUSSE GEFÜLLTE TÖRTCHEN

VORBEREITUNG: 40 Minuten abkühlen lassen: Über Nacht kochen: 6 Minuten ergibt: 6 Törtchen

DIE ZUBEREITUNG DIESER EINZELNEN TÖRTCHEN IST ETWAS AUFWENDIG, ABER SIE WERDEN IHRE GÄSTE BEGEISTERN – VOR ALLEM, WENN MAN BEDENKT, DASS SIE WEDER WEIZEN NOCH GETREIDE, VERARBEITETEN ZUCKER ODER MILCHPRODUKTE ENTHALTEN. DIE NUSS- UND TROCKENFRUCHTKRUSTEN SOWIE DIE MANGO-MOUSSE-FÜLLUNG MÜSSEN ÜBER NACHT GEKÜHLT WERDEN, DAMIT SIE PROBLEMLOS IM VORAUS ZUBEREITET WERDEN KÖNNEN.

KRUSTEN

1½ Tassen rohe Macadamianüsse

1¼ Tassen entkernte ungesüßte Medjool-Datteln

2 Esslöffel ungesüßte Kokosraspeln

¼ Teelöffel gemahlener Ingwer

¼ Teelöffel gemahlener Zimt

⅛ Teelöffel gemahlene Nelken

⅛ Teelöffel frisch geriebene Muskatnuss

FÜLLUNG

1½ Tassen gewürfelte reife Mango

1 Teelöffel fein zerkleinerte Limettenschale

2 Esslöffel frischer Limettensaft

4 Eier, getrennt

1 14,5-Unzen-Dose vollfette Kokosmilch

¾ Tasse Kokosnusssplitter, geröstet (optional)

Frische Himbeeren (optional)

1. Für die Kruste Macadamianüsse in einer Küchenmaschine oder einem Mixer verarbeiten oder fein pürieren. (Achten Sie darauf, nicht zu viel zu verarbeiten, sonst entsteht Nussbutter.) Fügen Sie Datteln, Kokosnuss, Ingwer, Zimt, Nelken und Muskatnuss hinzu. Verarbeiten, bis die Datteln fein gehackt und eingearbeitet sind und die Mischung eine Kugel bildet.

2. Die Nussmischung gleichmäßig in sechs Portionen aufteilen. Drücken Sie jede Portion in eine 10 cm große Tarteform mit abnehmbarem Boden. Tortenböden abdecken und über Nacht im Kühlschrank lagern.

3. Kokosmilch in eine kleine Schüssel gießen. Abdecken und über Nacht kühl stellen.

4. Zum Füllen Mango, Limettenschale und Limettensaft in einer Küchenmaschine oder einem Mixer vermischen. Abdecken und verarbeiten oder mixen, bis eine glatte Masse entsteht. Übertragen Sie das Püree in einen Wasserbad*, der über siedendem Wasser steht. Eigelb unterrühren. 6 bis 8 Minuten kochen und rühren, bis die Mischung eindickt. Vom Herd nehmen; etwas abkühlen lassen. Decken Sie die Füllung ab und stellen Sie sie über Nacht in den Kühlschrank. (Eiweiß über Nacht in einem dicht verschlossenen Behälter kühl stellen.)

5. Am nächsten Tag das Eiweiß aus dem Kühlschrank nehmen und 30 Minuten bei Zimmertemperatur stehen lassen. Entfernen Sie die

Schicht aus fester Kokoscreme von der Oberfläche der gekühlten Kokosmilch. (Dünne Flüssigkeit für einen anderen Zweck aufbewahren.)

6. In einer mittelgroßen Rührschüssel Kokoscreme und die gekühlte Mangomischung vermischen. Mit einem Elektromixer auf mittlerer Stufe schlagen, bis alles gut vermischt ist. beiseite legen. Rührbesen gut waschen; gründlich trocknen.

7. In einer anderen sauberen mittelgroßen Rührschüssel das Eiweiß 4 bis 5 Minuten lang auf höchster Stufe schlagen, bis sich weiche Spitzen bilden. Mit einem Gummispatel das geschlagene Eiweiß unter die Kokos-Mango-Mischung heben.

8. Füllen Sie die Füllung in gekühlte Tortenformen. Bis zum Servieren kühl stellen. Entfernen Sie vorsichtig die Ränder der Törtchenform, indem Sie den Boden jedes Törtchens nach oben drücken. (Der Boden sollte beim Servieren an Ort und Stelle bleiben.) Nach Belieben die Törtchen mit Kokosraspeln und frischen Himbeeren garnieren.

*Tipp: Wenn Sie keinen Wasserbad haben, können Sie einen erstellen. Stellen Sie eine Edelstahl- oder Glasschüssel auf einen Topf mit kochendem Wasser. Das Wasser sollte den Boden der Schüssel nicht berühren, aber es sollte ein dichter Verschluss vorhanden sein, damit der Dampf in der Pfanne eingeschlossen wird und den Inhalt der Schüssel erhitzt.

SOFT-SERVE-HIMBEER-BANANEN-SORBET

VORBEREITUNG:15 Minuten einfrieren: 1 Stunde kühlen: 30 Minuten ergibt: 4 Portionen

SIE KÖNNEN ABGEPACKTE GEFRORENE HIMBEEREN VERWENDENODER SIE KÖNNEN IHRE EIGENEN EINFRIEREN: FRISCHE HIMBEEREN WASCHEN, ABTROPFEN LASSEN UND IN EINER EINZIGEN SCHICHT AUF EINE GROßE, MIT WACHSPAPIER AUSGELEGTE BACKFORM MIT RAND LEGEN. LOCKER ABDECKEN UND MEHRERE STUNDEN LANG EINFRIEREN, BIS ES SEHR FEST IST. GEBEN SIE DIE GEFRORENEN HIMBEEREN IN EINEN LUFTDICHTEN BEHÄLTER UND BEWAHREN SIE SIE BIS ZU 3 MONATE LANG GEFROREN AUF.

1 mittelgroße Banane, in ½-Zoll-Scheiben geschnitten

¾ Tasse frischer Orangensaft

2½ Tassen gefrorene ungesüßte Himbeeren

Geriebene ungesüßte Schokolade (z. B. Scharffen Berger 99 % Kakaoriegel), geröstete ungesüßte Kokosnussstückchen und/oder geröstete Mandelsplitter

1. Legen Sie die Banane auf eine kleine, mit Wachspapier ausgelegte Backform. Mit einem weiteren Blatt Wachspapier locker abdecken. 1 bis 2 Stunden einfrieren oder bis es vollständig fest ist.

2. In der Zwischenzeit den Orangensaft in einem kleinen Topf zum Kochen bringen. Ohne Deckel 5 bis 8 Minuten leicht kochen lassen oder bis die Menge auf ⅓ Tasse reduziert ist. Den Saft in eine hitzebeständige Schüssel füllen. 30 bis 60 Minuten kalt stellen oder bis es kalt ist.

3. In einer Küchenmaschine gefrorene Bananenscheiben, den reduzierten Orangensaft und gefrorene Himbeeren vermischen. Abdecken und verarbeiten, bis alles gut vermischt, aber noch gefroren ist, dabei oft anhalten und umrühren. Das Sorbet wird sehr dick sein. Sofort in gekühlte Servierschüsseln füllen. Sofort servieren. (Oder stellen Sie die gefüllten Schalen bis zum Servieren in den Gefrierschrank und lassen Sie sie vor dem Belegen und Servieren 5 Minuten bei Raumtemperatur stehen.) Streuen Sie das Sorbet kurz vor dem Servieren mit Schokolade, Kokosnussstückchen und/oder Mandeln.

www.ingramcontent.com/pod-product-compliance
Lightning Source LLC
Chambersburg PA
CBHW071822110526
44591CB00011B/1183